MOZART-BILDE
BILDER MOZART

VERLAG ANTON PUSTET

MOZART-BILDER BILDER MOZARTS

Ein Porträt zwischen Wunsch und Wirklichkeit

Christoph Großpietsch

Internationale Stiftung Mozarteum (Hg.)

VERLAG ANTON PUSTET

Allen am Zustandekommen des vorliegenden Buches Beteiligten, den Autoren wie den in der Stiftung Mozarteum im Rahmen ihrer Arbeit beauftragten Mitarbeiterinnen und Mitarbeitern sei herzlich gedankt.

Impressum

Bibliografische Information der Deutschen Nationalbibliothek
Die Deutsche Nationalbibliothek verzeichnet diese Publikation in der Deutschen Nationalbibliografie; detaillierte bibliografische Daten sind im Internet über http://dnb.d-nb.de abrufbar.

Herausgeber: Internationale Stiftung Mozarteum Salzburg
Redaktion, Autor: Christoph Großpietsch
Redaktionelle Mitarbeit: Linus Klumpner
Übersetzung der Zwischentexte: Deborah Gatewood

Begleitpublikation zur gleichnamigen Ausstellung
der Stiftung Mozarteum Salzburg im Mozart-Wohnhaus
26. Jänner – 14. April 2013
Gestaltung der Ausstellung: Thomas Wizany
Organisation: Gabriele Ramsauer (Leitung),
Sabine Greger, Christoph Großpietsch, Linus Klumpner

Lektorat: Anja Zachhuber
Layout & Satz: Tanja Kühnel
Coverbild: Das Mozart-Zimmer auf dem Kahlenberge,
Wien Museum, Inv. Nr. 63423 (Kat. 82)
Druck: Druckerei Theiss, St. Stefan im Lavanttal
Gedruckt in Österreich

ISBN: 978-3-7025-0699-5

www.pustet.at

Konzerte
Wissenschaft
Museen

INHALT

In Balance

Matthias Schulz

Was glauben wir aus den Bildern Mozarts erfahren zu können? Wo suchen wir Mozart heute? Neben den unterschiedlichen Mozart-Bildnissen, die auf uns wirken und die dieser Band vorstellt, gibt es auch gedanklich jede Menge Bilder, die wir uns von Mozart machen. Allzu leicht erliegt man der Versuchung, das Werk durch die Biografie seines Schöpfers begreifen und den Schöpfer durch sein Werk verstehen zu wollen. Mozarts Erbe ist umfangreich: Es umfasst seine Musik, die erhaltenen Briefe und Dokumente, die als authentisch erachteten Bilder. Was sich daraus abbildet, ist niemals objektive Gewissheit, sondern immer eine Projektion, geprägt durch die Welt des jeweiligen Betrachters. Durch das gegenwärtig immer öfter notwendige Readjustieren von grundlegenden gesellschaftlichen Pfeilern verändert sich die Perspektive des modernen Betrachters kontinuierlich.

Im konzeptionellen Widerspruch zwischen der beliebigen Bild-Interpretation einerseits und dem, was sich andererseits als Abbild einer historischen Wahrheit begreifen lässt, die durch die wissenschaftliche Arbeit zutage tritt, findet die Vielfalt des „modernen Mozart" statt. Trotzdem eignet sich gerade Mozart heute als Spiegel- und Referenzpunkt, der zwischen Historizität und Innovation zu vermitteln vermag. Mozarts Musik ist alt und neu zugleich, gibt uns Sicherheit und stellt Fragen, muss immer wieder neu gehört und gedacht werden. In der Musik Mozarts tritt weder die Emotion noch die Form in den Vordergrund, beide bilden so etwas wie eine perfekte Balance. Es passiert durch unsere Beschäftigung mit diesem zeitlosen Meister, dass wir den Wert unserer eigenen Musikkultur verstehen können. Vielleicht kommt Mozart der Natur am nächsten.

Die Stiftung Mozarteum Salzburg will ein in vielen Facetten lebendiges Mozart-Bild vermitteln, dies aber auf der Basis einer fundierten „geschichtlichen Ortung". Es geht darum, den Raum des ernsthaften Befassens mit Mozart abzustecken, zu kultivieren und zu moderieren. Dabei sind drei Bereiche vordergründig und besonders wichtig: Wissenschaft, Konzerte und Museen.

Im Rahmen der Förderung der Wissenschaft soll unser vorurteilsfreier Blick auf das historische Abbild geschult und dadurch ein lebendiges Mozart-Bild ermöglicht werden. Die permanenten Sammlungen der beiden Mozart-Museen, Mozarts Geburtshaus und Mozart-Wohnhaus, und die Mozart Ton- und Filmsammlung vermitteln die historische ebenso wie die zeitgemäße gesellschaftliche Relevanz von Mozarts Leben und Werk.

Besonders im Rahmen der Pflege der Musikkultur in künstlerischen Konzertserien und Opernproduktionen zeigt sich der Anspruch der Stiftung Mozarteum Salzburg, Mozarts Werk immer auch deutlich in den Kontext des 21. Jahrhunderts zu stellen. Wir verstehen darunter zum Beispiel eine historisch informierte, unakademische, aber das Werk respektierende Aufführungspraxis, die nicht in der Vergangenheit stehen bleibt, sondern eine Brücke in die Gegenwart schlägt. Ebenso ist das Nebeneinander von Neuer und Alter Musik in Konzerten als Versuch zu werten, über ästhetische Brüche und diachrone Entwicklungen die heutige Musik zu bereichern sowie die Alte Musik lebendig zu halten.

Die Einladung an die beiden bildenden Künstler Bernhard Martin (geb. 1966) und Marc Brandenburg (geb. 1965) in Zusammenarbeit mit der Galerie Thaddaeus Ropac, auf die in der Ausstellung „Mozart-Bilder – Bilder Mozarts" gezeigten historischen Porträts mit zeitgenössischen Interpretationen zu antworten, entspricht diesem Konzept.

Das Mozart-Bild hat sich seit 1841, dem Gründungsjahr von Dom-Musikverein und Mozarteum, aus dem 1880/81 die Internationale Stiftung Mozarteum hervorgegangen ist, vielschichtig verändert. Es begann mit einem heroisch-verklärten Bild, geprägt vornehmlich durch Erinnerungsstücke, von denen viele unmittelbar aus dem Besitz der Familie Mozart an die Stiftung Mozarteum übergeben wurden. Der 200. Geburtstag des Komponisten im Jahr 1956 brachte einen „internationalen" Mozart mit großen Ausstellungen und ambitionierten Langspielplatten-Projekten ins Spiel. Originalhandschriften rückten ins Blickfeld: Das Mozart-Bild, gerade auch die Notentexte, sollte von romantischen Zutaten befreit werden – Schlagwort „Urtext-Mozart". Hierfür bildet die „Neue Mozart-Ausgabe" der Stiftung Mozarteum mit ihren 23 000 Notenseiten ein sichtbares Zeichen. Im Jänner 1956 wurde erstmals die Mozartwoche als Festival und Treffpunkt internationaler Künstler sowie Musikliebhaber rund um Mozarts Geburtstag veranstaltet.

Die 1960er-Jahre brachten ein psychologisiertes Mozart-Bild, wie es später etwa Wolfgang Hildesheimer in seiner Biografie von 1977 vorgeführt hat. Dieser Ansatz löste in der bildenden Kunst wie auf der Bühne eine Flut an neuen Bildern aus. 1979 schrieb Peter Shaffer das Bühnenstück „Amadeus", das 1984 in der Verfilmung von Miloš Forman zum Welterfolg wurde. Es folgte Falcos „Rock me Amadeus", das Video dazu stieg 1985 in die US-Charts auf. In den 1980er-Jahren ergänzte beziehungsweise verdrängte die historisch informierte Aufführungspraxis die im 19. Jahrhundert üblichen Exzesse der Bearbeitung von Mozarts Musik (außerhalb der Bereiche Pop-Musik und Werbung): Beginnend mit Nikolaus Harnoncourt etablieren seither die Großen der „Alte-Musik-Szene" – Brüggen, Gardiner, Pinnock, Minkowski – einen farbigen, weniger satten, „quer gebürsteten" Mozart.

Im Gegensatz dazu entfachte das Mozart-Jahr 1991 einen Kommerz-Hype: Mozart und Kunst – Mozart und Kommerz – Mozart total! Es folgte der „digitale Mozart", dessen Lebensstationen im Mozart-Jahr 2006 zum Beispiel über in Wien verteilte Audiostationen abrufbar waren; Mozarts Musik als mp3 via iPod oder als „Mozart Tag für Tag" im Digitalradio. Die Stiftung Mozarteum Salzburg hat mit der „NMA-Online" (über die u. a. das „Rolling Stone Magazine" berichtete) im Dezember 2006 wesentlich zu sachlich fundierten digitalen Mozart-Zugängen beigetragen und wird dies in Zukunft durch die „Digitale Mozart-Edition" verstärkt tun.

Mozart lädt uns dazu ein, den Dialog der Gegenwart mit der Vergangenheit und Zukunft einzugehen. Was können wir von diesem Dialog lernen, warum hält er uns in Bann? Ist er nur Selbstzweck und kommerzieller Selbstläufer – oder steckt mehr dahinter? Große Kunst ist zeitlos und kann sich gleichzeitig auf konkrete, nur in der jeweiligen Zeit Sinn machende Aspekte beziehen. Sie beinhaltet die Ratio, die körperliche Existenz des Menschen, aber auch die Emotionalität, die uns die Kraft für eine positive Lebenseinstellung und den Blick in die Zukunft gibt.

Matthias Schulz
Künstlerischer Leiter und Geschäftsführer
Stiftung Mozarteum Salzburg

Mozart als Kind

Johann Wolfgang von Goethe, 1763 (zu Johann Peter Eckermann, 1830)

„‚Ich habe ihn als siebenjährigen Knaben gesehen', sagte Goethe, ‚wo er auf einer Durchreise ein Conzert gab. Ich selber war etwa vierzehn Jahr alt, und ich erinnere mich des kleinen Mannes in seiner Frisur und Degen noch ganz deutlich.'"

Mozarts Vater Leopold, 1762

„Wollen Sie wissen wie des Wo[l]ferl Kleid aussiehet? – Es ist solches vom feinsten Tuch liloa=Farb, Die Veste von Moar nämlicher Farbe, Rock und Kamisol mit Goldborten breit und doppelt bordieret. Es war für den Prinz Max[i]milian gemacht, [...]"

Friedrich Melchior von Grimm, 1763

„Un maître de chapelle de Salzbourg, nommé Mozart, vient d'arriver ici avec deux enfants de la plus jolie figure du monde [...] Son frère, qui aura sept ans au mois de février prochain, est un phénomène si extraordinaire qu'on a de la peine à croire ce qu'on voit de ses yeux et ce qu'on entend de ses oreilles. C'est peu pour cet enfant d'exécuter avec la plus grande précision les morceaux les plus difficiles avec des mains qui peuvent à peine atteindre la sixte; [...]"

Daines Barrington, 1764/65 (1771)

„After this he played a difficult lesson, which he had finished a day or two before: his execution was amazing, considering that his little fingers could scarcely reach a fifth on the harpsichord."

Franz Xaver Niemetschek, 1798

„Das Unansehnliche in seinem Aeußern, der kleine Wuchs seines Körpers kam von seiner frühen Geistesanstrengung her, und von dem Mangel an freier Bewegung in der Zeit seiner Kindheit. Er war zwar von schönen Eltern erzeugt, und soll selbst ein schönes Kind gewesen seyn; aber von dem 6ten Lebensjahre an war er an eine sitzende Lebensweise gebunden, um diese Zeit fing er schon an zu schreiben! [...] Bey all diesen Fertigkeiten, bey diesem ausserordentlich großen Talent besaß der kleine Mozart einen Fleiß, der für seinen zarten Körperbau vielleicht zu groß war."

Georg Nikolaus Nissen, posthum 1828

„Der zurückgebliebene Wuchs seines Körpers mochte von seiner frühen Anstrengung und Entwickelung seines Geistes herkommen, nicht aber von dem Mangel an freyer Bewegung in seiner Kindheit (wie einige irrig behaupten), denn gerade in seiner Kindheit und Jugend hatte er bey seinen vielen weiten Reisen die meiste Bewegung; [...]"

Mozarts Körper

Mozart, am 2. Oktober 1782

[...] getreue Vassalen
Mozart magnus corpore parvus et
Constantia omnium uxorum pulche=
rima et prudentißima.

Georg Nikolaus Nissen, posthum 1828
„Die Umrisse von Mozart's Gesicht sind so ausgezeichnet, dass sie, wie die Umrisse der Köpfe von Friedrich II. von Preussen, oder von Sokrates, fast gar nicht ganz verfehlt werden können. [...] Sein Kopf war für den Körper verhältnismässig zu gross: der Körper selbst, die Hände und Füsse gut proportionirt, worauf er auch etwas eitel war."

Michael Kelly, 1780er-Jahre (nach Hook/Kelly 1826)
„He was a remarkably small man, very thin and pale, with a profusion of fine fair hair, of which he was rather vain. He gave me a cordial invitation to his house, of which I availed myself, and passed a great part of my time there. He always received me with kindness and hospitality."

Mozarts Schwester Nannerl, 1792
„die beyden Mozartisch: Eltern waren zu ihrer Zeit das schönste Paar Eheleuthe in Salzburg; auch galt die tochter in ihren jüngeren Jahren für eine Regelmässige Schönheit. aber der Sohn Wolfgang war klein, hager, bleich von Farbe, und ganz leer von aller Prätenzion in der Physiognomie und Körper. ausser der Musick war und blieb er fast immer ein Kind; [...]"

Genie und Physiognomie

Franz Xaver Niemetschek, 1798
„Die Körperbildung dieses ausserordentlichen Menschen hatte nichts Auszeichnendes; er war klein, und sein Angesicht, wenn man das große feurige Auge ausnimmt, kündigte die Größe seines Genies nicht an. [...] Aber in dem unansehnlichen Körper wohnte ein Genius der Kunst, wie ihn nur selten ihren Lieblingen die Natur verleiht."

Mozarts Schwester Nannerl, 1804
„Ich muß aber selbst als Schwester bekennen, daß seine phisianomie gar nicht das genie und den geist anzeigte, mit welchem ihn der gütige gott begabt hat."

Mozarts Schwägerin Sophie Haibel, 1828
„Er war immer guter Laune, aber selbst in der besten sehr nachdenkend, einem dabey scharf ins Auge blickend, auf Alles, es mochte heiter oder traurig seyn, überlegt antwortend, und doch schien er dabei an ganz etwas Anderm tiefdenkend zu arbeiten."

Augen und Nase

Johann Nepomuk Hummel, 1789 (Nach Hummels Entwurf, um 1825)
„Er war klein von Gestalt, etwas blasser Gesichtsfarbe, seine Physiognomie hatte viel angenehmes und freundliches, mit etwas melancholischem Ernst verbunden; sein großes blaues Auge strahlte hell."

Georg Nikolaus Nissen, posthum 1828
„Sein Auge war mehr matt als feurig, ziemlich gross und gut geschnitten, mit sehr schönen Augenbrauen und Wimpern. So lange er mager war, standen die Augen etwas vor, er war dann übersichtig. Die Augen sahen gut und scharf: nie hat er Brillen gebraucht."

Franz Xaver Niemetschek, 1798
„Der Blick schien unstet und zerstreut, außer wenn er bey dem Klavier saß; da änderte sich sein ganzes Antlitz! Ernst und versammelt ruhte dann sein Auge; auf jeder Muskelbewegung drückte sich die Empfindung aus, welche er durch sein Spiel vortrug und in dem Zuhörer so mächtig wieder zu erwecken vermochte."

Daniel Friedrich Parthey, Prag 1787–1791 (nach Gustav Parthey, 1871)
„Mozart war ein kleiner, sehr lebhafter Mann mit gebogener Nase und freundlichen, durchdringenden Augen. Die Originalität seines Geistes zeigte sich sogleich, wenn er nur ein paar Griffe auf dem Klaviere that; seine Virtuosität in der Ueberwindung jeder Schwierigkeit setzte in Erstaunen."

Ludwig Tieck, 1789 (nach Köpke, 1855)
„Als er [Ludwig Tieck] eines Abends, es war im Jahr 1789, seiner Gewohnheit nach lange vor dem Anfange der Vorstellung die halbdunkeln noch leeren Räume des Theaters betrat, erblickte er im Orchester einen ihm unbekannten Mann. Er war klein, rasch, beweglich und blöden Auges [=kurzsichtig], eine unansehnliche Figur im grauen Überrock. Er ging von einem Notenpult zum andern und schien die aufgelegten Musikalien eifrig durchzusehen. ... ‚Sie hören also Mozarts Opern oft und lieben sie?' fragte der Unbekannte. [...] Es war Mozart selbst gewesen, der große Meister, der mit ihm gesprochen, ihm seine Anerkennung ausgedrückt hatte."

Luigi Bassi, 1787 (nach Stendhal, 1824)
„M. Mozart était un homme extrêment original, fort distrait, et qui ne manquait pas de fierté; il avait beaucoup de succès auprès des dames, quoiqu'il fût de petite taille; mais il possédait une figure fort singulière et des yeux qui jetaient un sort sur les femmes."

Hände

Franz Xaver Niemetschek, 1798
„Er hatte kleine schöne Hände; bey dem Klavierspielen wußte er sie so sanft und natürlich an der Klaviatur zu bewegen, daß sich das Auge daran nicht minder, als das Ohr an den Tönen ergötzen mußte. Es ist zu verwundern, wie er damit so vieles besonders im Basse greifen konnte?"

Joseph Frank, 1780er-Jahre (nach Prutz/Wolfsohn, 1852)
„Ich fand den Mozart, einen kleinen Mann mit dickem Kopf und fleischigen Händen (des mains potelées), welcher mich ziemlich kalt aufnahm."

Mozarts Schwägerin Sophie Haibel, 1828
„Selbst wenn er sich in der Frühe die Hände wusch, ging er dabey im Zimmer auf und ab, blieb nie ruhig stehen, schlug dabey eine Ferse an die andere und war immer nachdenkend. Bey Tische nahm er oft eine Ecke seiner Serviette, drehte sie fest zusammen, fuhr sich damit unter der Nase herum und schien in seinem Nachdenken Nichts davon zu wissen, und öfters machte er dabey noch eine Grimasse mit dem Munde. [...] Auch sonst war er immer in Bewegung mit Händen und Füssen, spielte immer mit Etwas, z. B. mit seinem Chapeau, Taschen, Uhrband, Tischen, Stühlen gleichsam Clavier."

Ludwig van Beethoven, 1824 (nach Schlichtegroll)
„Mozarts Finger waren von dem unablässigen Spielen so gebogen, daß er das Fleisch nicht selbst schneiden konnte."

Kränkliches Aussehen

Jean-Baptiste-Antoine Suard, 1804

„On a constamment observé que le développement trop prompt et trop rapide des facultés morales dans les enfans, ne s'opérait qu'aux dépens du physique. Mozart en était une nouvelle preuve. Son corps ne prit pas avec l'âge l'accroissement ordinaire. Il resta toute sa vie faible et d'une santé fragile."

Mozarts Schwester Nannerl, 1819

[Hofrat von Droßdick schickte die Malerin] „zu mir, um alle die 3 bildnisse anzusehen, dasjenige so gemalt wurde wie er von der Italienische Reise zurückkamm ist das älteste, da ware er erst 16 Jahre alt, aber da er von einer sehr schweren Krankheit aufstand, so sieht das Bild kränklich und sehr gelb aus, sein Bild in dem Familien gemählte da er 22 jahr alt ware ist sehr gut, und daß Miniatur gemählte wo er 26 jahr ware, ist das jün[g]ste so ich habe [...]"

Kleidung und Schuhe

Mozart an Martha Elisabeth von Waldstätten, 1782

„wegen dem schönen rothen frok welcher mich ganz grausam im herzen kitzelt, bittete ich halt recht sehr mir recht sagen zu lassen wo man ihn bekommt, und wie theuer, [...], weil ich nur die schönheit davon in betrachtung gezogen, und nicht den Preis. – denn so einen frok muß ich haben, damit es der Mühe werthe ist die knöpfe darauf zu setzen, mit welchen ich schon lange in meinen gedanken schwanger gehe; – ich habe sie einmal, als ich mir zu einem kleide knöpfe ausnahm, auf dem kohlmark[t] in der Brandauischen knöpffabrique vis a vis dem Milano gesehen. – diese sind Perlmutter, auf der seite etwelche weisse Steine herum, und in der Mitte ein schöner gelber Stein."

Georg Nikolaus Nissen, posthum 1828

„Ueberhaupt sah er sehr auf seinen Körper, der auch sehr proportionirt war, hielt viel auf schöne Kleider, Spitzen und Uhrketten. Er war einmal recht böse, als er hörte, dass der preussische Gesandte Jemanden ein Empfehlungsschreiben an ihn gegeben, und dabey gesagt hatte, man möge sich an Mozart's unbedeutendes Aeussere nicht stossen."

Muzio Clementi, 1782 (nach Berger, 1829)

„In dessen Musiksaal eintretend fand ich daselbst jemand, den ich seines eleganten Äußern wegen für einen kaiserlichen Kammerherrn hielt; allein kaum hatten wir eine Unterhaltung angeknüpft, als diese sofort auf musikalische Gegenstände überging, und wir uns bald als Kunstgenossen – als Mozart und Clementi – erkannten und freundlichst begrüßten."

Michael Kelly, April 1785 (nach Hook/Kelly, 1826)

„I remember at the first rehearsal of the full band, Mozart was on the stage with his crimson pelisse and gold-laced cocked hat, giving the time of the music to the orchestra. [...] Those in the orchestra I thought would never have ceased applauding, by beating the bows of their violins against the music desks. The little man acknowledged, by repeated obeisances, his thanks for the distinguished mark of enthusiastic applause bestowed upon him."

Friedrich Rochlitz, 1798

„Als ich den folgenden Tag in die Probe ging, bemerkte ich noch, dass er den ersten Sa[t]z, der probirt werden sollte – es war das Allegro einer Symfonie von seiner Composition – sehr schnell nahm. Kaum zwanzig Takte waren gespielt, und – was leicht voraus zu sehen war – das Orchester hielt das Tempo zurück, es schleppte. Mozart machte Halt! sagte, worin man fehle, rief Ancora und fing noch einmal eben so geschwind an. Der Erfolg war derselbe. Er that alles, das Tempo gleich fort zu halten, stampfte einmal den Takt so gewaltig, dass ihm eine prächtiggearbeitete stählerne Schuhschnalle in Stücken zersprang: aber alles war umsonst. Er lachte über seinen Unfall, liess die Stücken liegen, rief nochmals Ancora, und fing zum dritten Male in demselben Tempo an. Die Musiker wurden unwillig auf das kleine todtenblasse Männchen, das sie so hudelte; arbeiteten erbittert darauf los und nun ging es."

Ringe

Mozarts Vater Leopold, 1766

„Der Fürst gab mir 24. louis d'or, und iedem meiner Kinder einem diamantenen Ring; die Zächer [= Tränen] flossen ihm aus den Augen, da wir uns beurlaubten, und kurz wir weinten alle beym Abschiede; [...] dann sind wir über hals und Kopf fort über Mösskirchen nach Ulm, günzburg, und Dillingen, wo wir nur 2. Täg blieben, vom Fürsten 2. Ring abhollten, und nach einem Tag aufenthalt in Augsburg nach München kammen."

Mozarts Schwester Nannerl, 1792

„Neapel. in conservatorio alla pieta, da der Sohn spielte, verfielen alle auf den gedanken in seinem Ring stekete die Zauberey, er zog den Ring ab, und dann war erst alles voll verwunderung."

Mozart und die Bildende Kunst

Mozart über sich, 1777

„[...] ich kann die redensarten nicht so künstlich eintheilen, daß sie schatten und licht geben; ich bin kein mahler. [...] ich kan es aber durch töne; ich bin ein Musikus."

Constanze über die Porträtierung Mozarts, 1799

„Er war gar nicht glüklich en face getroffen zu werden."

Mary Novello nach Gesprächen mit Constanze, Salzburg 1829

„She [Madame Mozart] told us that he drew a little and was very fond of the arts, that he had indeed a talent for all the arts – that he always in good humour, rarely melancholy but of a very gay humour, indeed he was an angel she exclaimed, and is one now – there was no affectation about this, but said quite simply."

Vincent Novello nach Gesprächen mit Constanze, Salzburg 1829

„She [Madame Mozart] said ‚Il etoit toujours si gai.' – Was fond of Painting – Sculpture – and could draw himself. ‚Indeed' she added – he had ‚superior talents for all the Arts.' "

Ein Rezensent aus Speyer, 1792

„Seine Kompositionen gleichen Gemälden, die etwas mehr, als einen blos flüchtigen Blik verdienen, wenn man ihre ganze Schönheit einsehen will."

Vergebliche Fahndung
Manfred Koch

Sehr geehrter Herr Polizeidirektor,

leider muss ich Ihnen mitteilen, dass sich die Fahndung nach dem in Kriminalistenkreisen auch als „das Phantom“ bekannten, echten, berühmt-berüchtigten musikalischen Serientäter Wolfgang Amadeus Mozart als äußerst schwieriges Unterfangen erweist. Schuld daran ist die Tatsache, dass sich der Gesuchte meistens hinter dem Pseudonym „Amadé“ versteckt. Dazu kommen die häufigen Orts- und Wohnungswechsel des Gesuchten, der sowohl in Salzburg und Wien als auch unter anderem in Augsburg, Paris und Prag gesichtet worden sein soll. Aber vor allem die unterschiedlichen, völlig voneinander abweichenden Personenbeschreibungen lassen die Suche nahezu hoffnungslos erscheinen.
Von unserem Polizeizeichner wurden nach Angaben zahlreicher Zeugen unzählige Fahndungsbilder angefertigt, die jedoch allesamt offensichtlich keinerlei Ähnlichkeit mit der gesuchten Person aufweisen. Obwohl sämtliche Zeugen und Zeuginnen beschwören, Mozart wirklich gut zu kennen oder ihm zumindest einmal höchstpersönlich begegnet zu sein, erweisen sich alle Bilder als gänzlich unbrauchbar.
Zeugin Aloysia B. beispielsweise beschrieb Mozart als mindestens einen Meter fünfundachtzig großen, schlanken, überaus gut aussehenden Mann mit edlen Gesichtszügen und markanter Aristokratennase. Zeuge Joseph R. hingegen gab an, Mozart sei höchstens einen Meter fünfzig groß und dicklich, habe ein pockennarbiges Gesicht und auffallend hervorstehende Augen. Zeugin Maria T. sagte unter Eid aus, Mozart sei ein fünfjähriger Knabe, der zwar überaus putzig anzusehen sei, aber über keinerlei anständige Manieren verfüge und sich darin gefalle, ständig laut und ungeniert zu furzen. Und Zeuge Chrisostomus B. erklärte sogar, Mozart habe einen roten Vollbart – aber das nach diesen Angaben gezeichnete Porträt wurde dann doch nicht für den Steckbrief verwendet, weil aufgrund langjähriger kriminalistischer Erfahrung und nach intensiven Nachforschungen eindeutig davon ausgegangen werden musste, dass sich der Gesuchte ja jederzeit rasieren kann und danach mit großer Sicherheit ganz anders aussieht.
Auch Gegenüberstellungen mit mozartverdächtigen Personen führten zu keiner eindeutigen Identifizierung, da jeder einzelne der in einer Reihe aufgestellten 17 angeblichen Mozarts von den Zeugen jeweils auf den ersten Blick und ohne den geringsten Zweifel als der Gesuchte erkannt wurde. Zwei Zeugen behaupteten überdies steif und fest, „die dritte Person von links“ sei Mozart, obwohl es sich dabei nachweislich um unseren als V-Mann in die Mozartszene eingeschleusten und völlig unverdächtigen Undercoveragenten Antonio S. handelte.

Aus diesen vergeblichen Versuchen, des tatsächlichen Herrn Mozart habhaft zu werden, müssen zwei messerscharfe Schlussfolgerungen gezogen werden: Entweder besitzen alle Zeugen ein äußerst beschränktes Erinnerungsvermögen oder der Gesuchte verfügt über einzigartige, ja als geradezu genial zu bezeichnende, chamäleonartige

Fähigkeiten, die es ihm ermöglichen, sich durch überaus geschickte, ständige Veränderungen seines Aussehens dem Zugriff auf seine Person zu entziehen. Die Fahndung nach Wolfgang Amadeus „Amadé“ Mozart musste deshalb vorläufig eingestellt werden.

■ Is it possible to recognise Mozart among the masses, via the characteristics he is known to have had, as in a WANTED poster? In an amusing, imaginary letter to the Chief of Police, the author, who lives in Salzburg as a journalist, describes how the search would be in vain.

Looking at Mozart

Cliff Eisen

For the late eighteenth-century, a portrait was more than a representation of a sitter's appearance. It was also a representation, as William Hazlitt put it, of "the essence of the sitter, reflect[ing] his thoughts and feelings, the capturing on canvas of subjectivity."[1] And it was not just in England that portraits were seen this way, but on the continent, too. Johann Georg Sulzer makes more or less the same observation in his *Allgemeine Theorie der schönen Künste:*

> "It is an unrecognized but certain truth that among all things that fascinate the eye, human beings are in every respect the most interesting. They are the greatest and most remarkable wonder of nature. [...] Accordingly, nothing is more certain than this, that we recognize in peoples' appearance, and in particular their facial features, something of what goes on in their souls; we see the soul in the body. For this reason we can say, the body is the picture of the soul, or the soul itself, made visible."[2]

For portraits of artists, musicians, writers and other creative geniuses – and in particular portraits intended for public distribution, consumption and contemplation – this meant including not only signs of the sitter's art, such as a composer's score for example, but also characteristic physical features and poses, more often than not facial expressions that are absorbed or distracted: the famous 1792 portrait of Haydn by Thomas Hardy, for example, shows the composer holding a bound score, his eyes slightly averted from the viewer's gaze as if lost in thought (➤ Abb. 1); a 1775 portrait of Gluck by Joseph Duplessis shows him at a keyboard, his eyes raised heavenward toward some higher inspiration (➤ Abb. 2).

Abb. 1: Thomas Hardy: Franz Joseph Haydn (1791)

Public and formal portraits of Mozart show some of these attributes: the 1762 portrait attributed to Lorenzoni pictures him in the gala dress he received from Empress Maria Theresia (➤ Kat. 1); his musical precociousness, as well as that of his sister, is on display in the Carmontelle watercolour of 1763–64, which shortly afterwards was engraved and sold widely across Europe together with printed editions of Wolfgang's earliest sonatas (➤ Kat. 2, 3, 4); the Verona portrait of January 1770 shows him seated at

Abb. 2: Joseph-Sifrède Duplessis: Christoph Willibald Gluck (1775)

a harpsichord with what appears to be an autograph score on the music stand (➤ Kat. 6); and in a portrait produced in 1777 for Padre Martini of Bologna, which bears the legend "Cav. Amadeo Wolfgango Mozart Accad. Filarmon: di Bolog. | e di Verona", he not only stands by a harpsichord, again with a piece of music prominently on display, but also sports the Cross of the Golden Spur presented to him by Pope Clement XIV in July 1770 (➤ Kat. 7).

Not all eighteenth-century portraits, however, were formal, intended for public viewing or display. Many – and this includes the majority of Mozart portraits even from the 1780s – were informal, intended as private keepsakes, family heirlooms or as tokens of friendship. This is the case with the Alphen miniature of Mozart and his sister and the possible portrait of him on the lid of a snuff box (➤ Kat. 41, 65), a drawing of Mozart and the violinist Regina Strinasacchi in the album amicorum of Johann Gottfried Schade (➤ Kat. 13) and the silverpoint drawing by Doris Stock (➤ Kat. 9). No doubt others once existed as well, but are now lost. On 3 April 1783, for instance, Mozart wrote to his father:

> "Here is my Munich opera [*Idomeneo*] and the two copies of my sonatas [KV 296, 376–380]! [...] The two portraits will follow too. I only hope that you are pleased with them. I think they are both good likenesses and all who have seen them are of the same opinion."[3]

And in a letter of 4 January 1804, Mozart's sister Nannerl wrote to the publisher Breitkopf & Härtel: "In 1783 he sent me his portrait from Vienna, a tiny pastel."[4] None of these portraits appears to survive. Similarly, Constanze Mozart's second husband, Georg Nikolaus von Nissen, reported in his 1828 biography of the composer that "The widow possesses several oil portraits of him from various years, all strikingly similar"[5]. Yet as far as we know, the only portrait in oils of Mozart owned by Constanze was the Lange portrait (➤ Kat. 27), which is presumed to have been executed in 1789.

What is distinctly lacking among the early images of Mozart, public or private, is precisely what makes the portraits of Haydn and Gluck so absorbing: a sense that genius transcends the mundane. It may be that this style was not considered appropriate for a composer still in his teens or twenties, or for a composer, whatever his age, who had not yet acquired the universal status of a Gluck or a Haydn. It is, in any case, very much a style of the later eighteenth-century. And as a result, most portraits of Mozart, including even those from the 1780s, are prosaic, no doubt because, by all accounts, his actual appearance was prosaic as well: his head was disproportionately large, his hands small, his complexion pale, and he is said to have had a large nose and bulging eyes as well as pock marks left over from a childhood bout with smallpox. He was self-conscious about his appearance, apparently refusing to be portrayed en face (which explains why the overwhelming majority of portraits of him are in profile).

One likeness, however, clearly engages with the Sulzerian notion that "we recognize in peoples' appearance, and in particular their facial features, something of what goes on in their souls": the unfinished Lange portrait, possibly executed in 1789 (➤ Kat. 27). Lange, Mozart's brother-in-law and an actor by profession, was apparently an accomplished portraitist as well; when Leopold Mozart visited Wolfgang in Vienna in 1785, he wrote to his daughter: "The husband of Madame Lange (Weber) is a good painter and last night drew my portrait on red paper, a perfect likeness and beautifully done."[6] It is generally assumed that Mozart is sitting at a keyboard, playing, an assumption apparently confirmed by a later, "completed" version of the picture, said to have been owned at one time by Constanze (➤ Kat. 29). And there is no escaping Lange's attempt to capture Mozart lost in his musical reveries, more or less oblivious to his surroundings and the world at large. Lange's may not be the first portrait of Mozart to exploit the trope of genius. A nineteenth-century copy of a portrait said possibly to be Mozart, attributed to Joseph Grassi and alleged to have been painted in 1785, has a similar air about it (➤ Kat. 43). But unquestionably Lange's is the first "authentic" portrait to depict Mozart this way. Although it remained unknown until it was reproduced in Nissen's Mozart biography in 1828, its general affect became common among posthumous Mozart portraits, including the Tischbein (➤ Kat. 44–48) and the portrait by Barbara Krafft (➤ Kat. 61). It was not exclusively how Mozart was depicted – witness the large number of derivatives based on a medallion by Posch and its subsequent engraving by Mansfeld, published in Vienna in 1789, virtually all of them intended as inexpensive souvenirs or for title-pages of printed editions of Mozart's music (➤ Kat. 15, 24, 50) – but among large-scale, "serious" portraits of Mozart it represents the prevailing aesthetic, an aesthetic rooted in nineteenth-century views of genius and eighteenth-century theories of portraiture. Sulzer, for example, not only recognized the importance of portraiture but also recommended that the artist

> "flatter the sitter in design and colour, that is, to make both more attractive. If it can be said that some details that add little to the character of the physiognomy, including even unattractive details, should be ignored, then the artist might always follow this advice. He can even improve the proportions, bring some features closer together and move others farther apart, just so long as in doing so the true spirit of the [sitter's] appearance is not violated"[7].

Put another way, "authentic" Mozart portraits did not necessarily show what he actually looked like but, as Sulzer put it, his "true spirit" (at least as it was perceived by the artist, or the viewer, or more generally the times). This accounts for Nannerl Mozart's opinion that the Krafft portrait, a composite done many years after Wolfgang's death and demonstrably including deliberate alterations to his appearance, was "the best likeness" of her brother. It also accounts for the remarkable diversity of later images of Mozart. On another occasion, writing to the publisher Breitkopf & Härtel, Nannerl stated, "I have to say too that I have never seen so many portraits of a single person that are so different when seen side by side but that nevertheless essentially all look like him."[8]

More recent thinking about Mozart portraiture has more or less repudiated these eighteenth- and nineteenth-century ideas: aside from provenance,

Abb. 3: Pablo Picasso: Gertrude Stein (1946)

verisimilitude of appearance, "likeness", not "character", more often than not informs scholarly and popular debate concerning both the authenticity and dating of images of the composer. Edward Speyer, for example, was convinced that the Lange portrait dated from 1791 because it showed "unmistakable traces of Mozart's impending illness, which was to end fatally". The great French Mozartean Théodore de Wyzewa, on the other hand, thought the Lange dated from 1782 and asked: "How can we admit this to be a portrait of Mozart done in 1791, two years after Tischbein's admirable portrait of 1789 which shows him in all the somber splendor of his maturity?"[9] More recently, it was argued that "the puffiness of Mozart's face" apparent in the so-called "Edlinger" portrait, "could have been the result of his being treated with mercury. He is believed to have died of kidney failure or syphilis"[10]. Hence not only the portrait's authenticity but also its dating to 1790, has to be doubted.

What is central to views such as these is neither philology nor connoisseurship, neither the demonstrable facts of history nor changing views of the aesthetics of portraiture. What motivates them is biography, a desire to see in likenesses of Mozart the commonly-accepted narrative of servitude, independence, magnificence and tragic decline. This is a far cry from eighteenth- and nineteenth-century views of portraiture – and a far cry from how early Mozart portraits might have been seen and understood. The result is not an historical understanding of Mozart portraits – although a rich, historical and multi-faceted understanding is recuperable with a bit of effort – but a modern, ahistorical one: portraits "become" their sitters, they "become" the accepted biographical narrative whether intended as such or not. When Picasso was asked about his controversial 1905 portrait of Gertrude Stein (➤ Abb. 3), he said, "everybody says that she does not look like it but that does not make any difference, she will."[11]

■ Vor der Erfindung der Fotografie bestand die einzige Möglichkeit, ein Abbild zu bekommen, darin, von sich ein Porträt anfertigen zu lassen. Mit der Zeit wurden die Ansprüche der Auftraggeber an die Porträtisten immer höher, um ein möglichst authentisches Abbild zu erhalten. In der Folge entwickelte sich ein komplexes System an Posen und Attributen, welches die Wiedererkennbarkeit der Person und ihres Ranges auf Dauer gewährleisten sollte. Auch die für die Öffentlichkeit bestimmten Darstellungen W. A. Mozarts unterlagen diesen Anforderungen. Dies zeigt sich aber nicht nur bei ihm, sondern auch im Vergleich mit Porträts bedeutender Komponisten aus Mozarts Zeit. Schließlich sind neben authentischen Darstellungen auch Stereotypen entstanden, die ein idealisiertes Wunschbild von Mozart in den Vordergrund gerückt haben.

Mozart, der Maler

Ulrich Leisinger

> „Allerliebster Papa!
> Ich kann nicht Poetisch schreiben; ich bin kein dichter. ich kann die redensarten nicht so künstlich eintheilen, daß sie schatten und licht geben; ich bin kein mahler. ich kann sogar durchs deüten und durch Pantomime meine gesinnungen und gedancken nicht ausdrücken; ich bin kein tanzer. ich kan es aber durch töne; ich bin ein Musikus."
>
> (Bauer/Deutsch 2, Nr. 366)

Diese Zeilen aus einer Nachschrift Wolfgang Amadé Mozarts vom 8. November 1777, mit denen er die Gratulation zum anstehenden Geburts- und Namenstag des Vaters einleitete, werden gerne als das musikalische Credo des jungen Komponisten gewertet. Mozart hatte zweifelsohne in erster Linie (die) Musik im Kopf, wie schon aus dem Gedankensprung im zweiten Satz hervorgeht, wo er eigentlich erläutern wollte, dass er zum Redner nicht geboren sei, und dann die Metapher von Licht und Schatten allzu wörtlich nahm, indem er betonte, dass er kein Maler sei.
Die wenigen Zeichnungen, die von seiner Hand erhalten geblieben sind, bestätigen, dass Mozart mit dieser Selbsteinschätzung richtig lag. Freilich handelt es sich auch nur um schnell hingeworfene Miniaturen: Am bekanntesten ist sicherlich das Brustbild im Profil aus dem Brief an das Augsburger Bäsle Maria Anna Thekla Mozart vom 10. Mai 1779, wobei der Begriff „Brustbild" hier sehr wörtlich zu nehmen ist (➤ Abb. 8). Zur Ehrenrettung des 21-Jährigen, der noch im Dezember 1785 schwören konnte, „daß ich noch mit keiner frauens=Person auf diese art etwas zu thun gehabt habe", ist festzuhalten, dass das Bild keine intime Vertrautheit mit dem Objekt der Darstellung erkennen lässt: Mozart musste zweimal mit der Feder ansetzen, um Position und Größe des Busens richtig anzudeuten. Die Grenze zur Karikatur streift Mozart in einem Bildnis aus dem Studienbuch der Babette Ployer, wo am Rand einer Seite mit Übungen im dreistimmigen Kontrapunkt mit wenigen Strichen ein Ganzbild einer Frau angedeutet wird (➤ Abb. 9). Vermutlich handelt es sich hierbei um das einzig erhaltene Porträt von Mozarts Kompositionsschülerin. Dass die Nasen- und die Kinnpartie getreu wiedergegeben sind, darf man bezweifeln. Auch Babette Ployer, für die Mozart die Konzerte KV 449, KV 453 und wohl auch KV 488 komponiert hat, scheint sich ganz der Musik verschrieben zu haben, denn Ohr- und Haarschmuck hat Mozart keck als Noten angedeutet. Wie schade, dass sie offenbar nach ihrer Heirat und dem daran anschließenden Umzug nach Kreutz (heute Križevci in Kroatien) ihre Konzerttätigkeit beenden musste.

Ungleich größeres Talent zum Malen zeigte Mozart auf dem ihm eigenen Terrain: der Musik. Mit der Reise nach Paris, die Leopold Mozart im Jahr 1777 plante, verband die ganze Familie große Hoffnungen. Den eigentlichen Zweck der Reise, nämlich eine Lebensstellung außerhalb Salzburgs zu gewinnen, dürfen wir an dieser Stelle außer Acht lassen und uns ganz auf die privaten Kontakte beschränken. Die wichtigste Zwischenstation auf dem Weg nach Paris war Mannheim, die Residenz des Kurfürsten Karl Theodor von der Pfalz. Mozart wurde von den Hofmusikern freundlich aufgenommen, insbesondere bei der Familie Cannabich und den beiden Familien Wendling. In mehreren Briefen berichtet er dem Vater über das Klavierspiel der diversen Töchter der Hofmusiker.[1] Von Elisabeth Auguste Wendling heißt es am 8. November 1777 beiläufig: „Die tochter [...] spiellt recht hübsch Clavier." Weit inniger entwickelte sich das Verhältnis zur damals 13-jährigen Theresia Rosina Petronella Cannabich. Über seine ersten Besuche bei der Familie schrieb er am 4. November 1777 dem Vater:

> „ich bin alle tage bey Canabich. heüt ist auch meine Mama mit mir hingegangen. [...] er ist sehr für mich eingenommen. er hat eine tochter die ganz artig clavier spiellt, und damit ich ihn mir recht zum freünde mache, so arbeite ich iezt an einer Sonata für seine Mad[emoi]selle tochter, welche schon bis auf das Rondeau fertig ist."
>
> (Bauer/Deutsch 2, Nr. 363)

Über die Komposition dieser Sonate, die er auch Vater und Schwester nach Salzburg sandte, sind wir durch Mozarts Briefe ungewöhnlich genau unterrichtet:

> „da fragte mich der junge danner [Christian Franz Danner (1757–1813), ein Freund und Kompositionsschüler Mozarts], wie ich das andante zu machen in sinn habe; ich will es ganz nach den Caractére der Mad[emoi]-selle Rose machen. als ich es spiellte, gefiele es halt ausserordentlich. der junge danner erzehlte es hernach. es ist auch so. wie das andante, so ist sie."
>
> (Bauer/Deutsch 2, Nr. 386)

Was verrät uns nun Mozarts musikalisches Porträt, der Mittelsatz der Sonate C-Dur (KV 309), über die junge Dame? Zwar hätten wir gerne ein Bildnis der Rose Cannabich während des Zuhörens vor Augen – letztlich wäre dies aber doch irreführend, denn Mozart wollte ja gerade nicht der äußeren Gestalt, sondern dem Charakter der jungen Dame gerecht werden![2]

Die Form dieses Satzes ist sehr einfach, sie wird aber beim Hören kaum bewusst, da Mozart die Aufmerksamkeit zunächst auf die Oberfläche, vor allem auf die Melodieerfindung, lenkt. Der vorherrschende Eindruck ist der eines Variationensatzes, da das Hauptthema in immer neuen Varianten erscheint. Unmittelbar auf die erste Vorstellung des Themas lässt Mozart eine Variation desselben folgen. Danach erklingt ein neuartiger, etwas knapperer Zwischenteil, an den die zweite Hälfte des Hauptthemas wieder anschließt. Zwischenteil und diese Themenhälfte werden verziert wiederholt, ehe der Satz in einer kurzen Coda ausklingt. Der Satz ist somit in einer dreiteiligen Liedform angelegt, bei der der erste Teil für sich und der zweite zusammen mit dem dritten Teil wiederholt werden. Feine rhythmische Verschiebungen lassen den Zuhörer im Zweifel, ob der Satz volltaktig oder auftaktig gemeint ist, und verleihen damit dem Stück individuelle Züge. Es ist eine Besonderheit, dass Mozart die Wiederholungen mit den Veränderungen ausgeschrieben hat. Mozart wollte seiner Schülerin offenbar beibringen, wie man – ganz im Sinne Carl Philipp Emanuel Bachs – zweiteilige Sätze bei der Wiederholung verändern kann. Alle Auszierungen sollten, so der „Berliner" Bach in seinem berühmten und für die zweite Hälfte des 18. Jahrhunderts maßgeblichen „Versuch über die wahre Art das Klavier zu spielen" (Berlin 1753)[3],

> „dem Affect des Stückes gemäß seyn. Sie müssen allezeit, wo nicht besser, doch wenigstens eben so gut, als das Original seyn. Simple Gedanken werden zuweilen sehr wohl bunt verändert und umgekehrt. Dieses muß mit keiner geringen Ueberlegung geschehen,

> man muß hierbey beständig auf die vorhergehenden und folgenden Gedanken sehen; man muß eine Absicht auf das ganze Stück haben, damit die gleiche Vermischung des brillianten und simplen, des feurigen und matten, des traurigen und frölichen, des sangbaren und des dem Instrument eignen beybehalten werde".

Als musikalischer Maler versucht Mozart, uns ein Bild der Mademoiselle Rose zu entwerfen, das nicht einseitig und starr ist, sondern vielseitig und lebendig. Mozart lässt zugleich erahnen, dass sich unter der freundlichen Oberfläche auch Tiefgang verbirgt, so etwa durch die Wendung des Mittelteils, die schon beim ersten Erklingen an Ernst kaum überbietbar scheint, aber dann doch bei der Wiederholung noch einmal emphatisch gesteigert wird. Rose erwies sich als gelehrige Schülerin, und so konnte Mozart seinem Vater am 6. Dezember 1777 in schwärmerischem Tonfall über die Fortschritte berichten:

> „[Rose] ist ein sehr schönes artiges mädl. sie hat für ihr alter viell vernunft und geseztes weesen; sie ist serios, redet nicht viell, was sie aber redet – – geschieht mit anmuth und freündlichkeit. gestern hat sie mir wieder ein recht unbeschreibliches vergnügen gemacht, sie hat Meine sonate ganz – – fortreflich gespiellt. das Andante (welches nicht geschwind gehen muß) spiellt sie mit aller möglichen empfindung. sie spielt es aber auch recht gern."
>
> (Bauer/Deutsch 2, Nr. 386)

Empfindsam und „ein wenig vernünftig": So ist das Andante – und so war sie, Theresia Rosina Petronella Cannabich, in Mozarts Augen.
Das Andante aus der Klaviersonate in C (KV 309) ist aber vermutlich nicht das einzige musikalische Porträt Mozarts geblieben. Bald nach den glücklichen Tagen, die er in Mannheim verlebt hatte, trafen den jungen Mann schwere Schicksalsschläge: Aloysia Weber, in die er sich verliebt hatte, wies ihn ab – und die Mutter starb am 3. Juli 1778 in Paris. Schon musikalisch kann kein Zweifel daran bestehen, dass die Klaviersonate a-Moll (KV 310) in einer außerordentlichen Situation, in der Schmerz alle anderen Gefühle überlagerte, entstanden sein muss. Auch die Überlieferung der, wie das Papier belegt, am Ende des Aufenthalts in Paris im Sommer 1778 entstandenen Originalhandschrift zeigt, dass es sich um ein Ausnahmewerk gehandelt haben muss. Das Autograf der a-Moll-Sonate fand sich bei Mozarts Tod nämlich nicht in seinem Nachlass, sondern es war offenbar immer bei seiner Schwester Maria Anna in Salzburg geblieben, die es auch nach dem Tod des Vaters, als der Bruder alle seine Kompositionen abforderte, mit wenigen anderen eigens für sie komponierten Stücken für sich behielt.
Merkwürdigerweise teilt nun der langsame Satz der a-Moll-Sonate mit dem Mittelsatz der Sonate C-Dur für Rose Cannabich einen thematischen Gedanken: Was in der Mannheimer Sonate ein Nebengedanke war, wird in der a-Moll-Sonate zum Hauptthema, zur zentralen Aussage des langsamen Satzes. Dies ist umso ungewöhnlicher, als Mozart sonst nur selten auf eigene thematische Einfälle zurückgegriffen hat und dann meist mit der erkennbaren Absicht eines Selbstzitats. Die Beziehung zwischen den Themen wird offenkundig, wenn man die Variante des Themas am Beginn des Mittelteils der a-Moll-Sonate (KV 310) mit den entsprechenden Takten der C-Dur-Sonate (KV 309) vergleicht: Tonart, Taktart und die Satzweise stimmen genau überein und man könnte die beiden Ideen tauschen, ohne den beiden Stücken Gewalt anzutun.
Wenn nun das Andante aus der C-Dur-Sonate nachweislich ein musikalisches Porträt sein sollte, drängt sich der Verdacht auf, dass auch die a-Moll-Sonate

Abb. 4: Mittelsätze aus KV 309 und 310: Nebengedanken und Hauptthema

jemanden darstellen könnte. In Mozarts Korrespondenz findet sich aber nicht ein einziges Wort über dieses Ausnahmewerk! Der merkwürdige musikalische Befund lässt sich nun schwerlich damit erklären, dass Mozart in die a-Moll-Sonate eine Reminiszenz an Rose Cannabich einflechten wollte. Eher wohl wird man den langsamen Satz dieser Sonate als ein musikalisches Porträt der gerade verstorbenen Mutter begreifen. Ein merkwürdiger, aber nur auf den ersten Blick abwegiger Gedanke!
Dies würde im Gegenzug aber heißen, dass die Mutter wohl schon im Andante für Rose Cannabich sprichwörtlich ins Bild getreten ist – was ein beliebter Topos der Liebeslyrik jener Tage war. Je nach Laune und Frivolität des Verfassers erscheint die Mutter manchmal erst in der letzten Strophe, aber immerhin noch im rechten Moment, wie in Christian Felix Weißes Gedicht „Der Zauberer", das Mozart 1785 vertonte (KV 472):

„Entbrannt drückt er mich an sein Herz,
Was fühlt ich – Welch ein süßer Schmerz!
Ich schluchzt, ich atmete sehr schwer,
Da kam zum Glück die Mutter her;
Was würd, o Götter, sonst nach so viel Zauberei'n,
Aus mir zuletzt geworden sein!"

Mitunter aber tritt sie, wie schon der Titel „Die zu späte Ankunft der Mutter" in Weißes Gedicht verrät, das zwar nicht Mozart, aber immerhin Joseph Haydn um 1780 in Musik gesetzt hat, erst nach dem geraubten Kuss in den letzten anderthalb Strophen auf den Plan:

„Er küsste sie, er drückte sie,
Dass sie um Hilfe schrie.

Die Mutter kam eilend und fragte,
Was Hylas für Frevel hier wagte.
Die Tochter rief: Es ist geschehn!
Ihr könnt nun wieder gehn."

Anders als bei Elisabeth Auguste Wendling, über die es im eingangs zitierten Brief vom 8. November 1777 heißt: „sie [die Mitglieder der Familie Wendling] waren allerseits so zufrieden, daß ich – – die frauenzimmer küssen muste. bey der tochter kam es mir gar nicht hart an; denn sie ist gar kein hund“, ist übrigens nicht erwiesen, dass Mozart Rose Cannabich auch nur ein einziges Mal mit Billigung ihrer oder gar seiner eigenen Mutter geküsst hätte …
Musikalische Porträts, so liebevoll Mozart sie auch gestaltet hat, dürften bei ihm in der Instrumentalmusik stets die Ausnahme geblieben sein. Im Bereich der Oper bot sich ihm hierfür ein dankbareres Gebiet, auf dem er – wie er selbst schrieb (Brief vom 7. Februar 1778) – das „Talent im Componiren, welches mir der gütige Gott so reichlich gegeben hat“ in unnachahmlicher Weise entfalten, mit Licht und Schatten spielen und nicht durch Musik allein, sondern durch Deuten und durch Pantomime seine Gesinnungen und Gedanken ausdrücken konnte.

■ Mozart was aware of not being a master of the fine arts. But blessed with the gift of an unique miscellaneousness, he perceived himself not only as a composer, but as musical painter as well. In 1777 he emerged as portraitist of his adored scholar Rose Cannabich. In the correspondence of Mozart appears a hint that he portraited the young woman's character in a musical way. It's reasonable to identify this musical painting with the middle movement of the sonata in C, K. 309. It is remarkable, that the secondary object of this Andante appears once more as principal theme of the slow movement piano sonata in a, K. 310, composed in Paris, shortly after the mother's death in 1778. Regarding its deep sorrow, this piece is extraordinary within Mozart's œuvre, as it seems to be affected by the loss of his mother. The question may be posed whether or not Mozart really did portrait his mother, who once stood between him and Rose Cannabich, unconsciously in both piano sonatas.

Am 21. Juli 1800 schickt Constanze Mozart an Breitkopf & Härtel in Leipzig verschiedene Unterlagen, die sie dem Verlag zur Erstellung einer Mozart-Biografie zur Verfügung stellt. Unter Punkt 5 der Auflistung erwähnt sie:

> „ein Eccehomo mit der Inschrift: dessiné par W. A. Mozart, Linz ce 13 Nov. 1783. dédié à M.e Mozart son épouse, woraus man sieht, daß er auch dazu Talent hatte."
>
> (Bauer/Deutsch 4, Nr. 1301)

Mozart, ein talentierter Zeichner? Nur zu gerne würde man die von Constanze erwähnte Zeichnung betrachten, um das Musikgenie Mozart auch mit dem Siegel eines Multitalents versehen zu können. Leider ist das Werk verschollen.

Was aber bewegt Mozart 1783 dazu, für seine Frau die Darstellung eines Ecce Homo anzufertigen? Ein Bild, das Christus in seinen körperlichen und seelischen Qualen unmittelbar vor der Kreuzigung zeigt, während er von Pontius Pilatus mit den Worten „Seht, da ist der Mensch!" oder „Seht, welch ein Mensch!" („Ecce homo!") dem Volk vorgeführt wird (Johannes 19,5). Ist es reines Interesse an der biblischen Szene, oder

Abb. 5: Von Mozart gezeichnete menschliche Figur nach Briefausgabe Bauer/Deutsch (stilisiert)

Abb. 6: Von Mozart gezeichnete menschliche Figur, 1791 (Selbstporträt?)

hat Mozart eine ihn beeindruckende Darstellung auf seiner Reise – er befindet sich gerade in Linz – gesehen und diese festgehalten?

Seit Albrecht Dürer einer Ecce-Homo-Darstellung selbstporträthafte Züge verliehen hat, wird das in diesem Bildtyp gezeigte Leiden Christi als Paradigma für das Leiden des Künstlers gesehen. Trifft das auch bei Mozart zu? Fühlt er sich zur Schau gestellt, gequält, verfolgt, verspottet? Die Briefe, die rund um die Entstehungszeit dieser Zeichnung geschrieben wurden, lassen keine allzu großen Dramen erkennen. Anders klingt es da schon acht Jahre später in einem Brief vom 5. Juli 1791, den Mozart an seine Frau Constanze, die sich in Baden zur Kur aufhält, schreibt:

> „ – ich hoffe Dich Samstag umarmen zu können, vielleicht eher, Sobald mein Geschäft zu Ende ist, so bin ich bey Dir – denn ich habe mir vorgenommen, in Deiner

> Umarmung auszuruhen; – ich werd' es
> auch brauchen – denn die innerliche Sorge,
> Bekümmerniß und das damit verbundene
> Laufen mattet einen doch ein wenig ab.“
>
> (Bauer/Deutsch 4, Nr. 1180)

In den Brieftext ist eine kleine Kritzelei von einem Männchen mit Umhang und seltsamer Kopfbedeckung eingearbeitet. Zwei in der Luft schwebende Arme mit ausgefransten Fingern greifen nach der Figur.
Die in der Briefausgabe von Bauer und Deutsch dazu abgedruckte Skizze (➤ Abb. 5) verleitet den Betrachter zu vielerlei Vermutungen, unter anderem dazu, sie als ein geheimnisvolles Selbstporträt Mozarts zu sehen. Vor allem im Mozart-Jubiläums-Jahr 2006 wurde sie in verschiedenen Zusammenhängen der Öffentlichkeit nähergebracht. So wird sie als vergrößertes Porträt von dem Filmemacher Kurt Palm in seinem Film „Der Wadenmesser oder: Das wilde Leben des Wolfgang Mozart“[1] als running gag durch die Filmdokumentation getragen, um am Ende mit Mozarts eigenen Worten als das Abbild eines in düsteren Gedanken verstrickten Menschen interpretiert zu werden.

> „ – wenn die leute in mein Herz sehen
> könnten, so müsste ich mich fast schämen.
> – es ist alles kalt für mich – eiskalt – Ja,
> wenn du bey mir wärest, da würde ich
> vieleicht an dem artigen betragen der leute
> gegen mich mehr vergnügen finden, – so ist
> es aber so leer – adieu – liebe – ich bin Ewig
> dein dich von ganzer Seele liebender Mozart“
>
> (Bauer/Deutsch 4, Nr. 1136)

So schreibt Mozart am 30. September 1790 von Frankfurt an seine Frau. Und es ist wahr, die Zeichnung hinterlässt einen rätselhaften Eindruck beim Betrachter. Wirft man jedoch einen Blick auf die originale Handschrift, so bestätigt sich wieder, wie gut man beraten ist, sich nicht auf die Sekundärliteratur zu verlassen, sondern nach Möglichkeit die originalen Quellen einzusehen. Denn das hingekritzelte Männchen weist zur gedruckten Version deutliche Unterschiede auf und ist außergewöhnlich dilettantisch ausgeführt (➤ Abb. 6). Eine seltsame Kopfbedeckung (Schlafmütze?) bedeckt das Haupt; zwei Arme weisen mit unförmigen und spitzen Fingern oder spitzen Gegenständen zur Halspartie. Vielleicht war Mozart wirklich nur müde und wollte in Constanzes Armen versinken? Schlüssige Einblicke in das Seelenleben lässt die Kritzelei nicht zu, dafür viel Raum für Spekulation.
Am 18. Dezember 1772 – Mozart hält sich gerade in Mailand auf und arbeitet an der Oper „Lucio Silla“ – sendet er als Nachschrift zu einem Brief, den Leopold Mozart an seine Frau schreibt, einen gedichteten Gruß an seine Schwester, bei dem jede zweite Zeile auf dem Kopf steht, sodass man das Blatt beim Lesen ständig drehen muss (Bauer/Deutsch 1, Nr. 271). In diesem Gedicht berichtet er über die Oper und Einladung bei Graf Firmian und endet in Wortspielen, Reimen und Neckerei zwischen Geschwistern.
Bemerkenswert ist hier der eigentliche Brief Leopold Mozarts an seine Frau. Dieser ist rund um alle vier

Abb. 7: Vogel mit Sprechblase, Skizze in einem Familienbrief (1772)

Ränder des Blattes fortlaufend in vier Zeilen abgefasst und bildet den Rahmen zu einer Zeichnung, deren Autorschaft nicht sicher geklärt ist (➤ Abb. 7). Stammt sie von Leopold oder Wolfgang oder von beiden gemeinsam? Wir wissen es nicht.
Ein Herz in Flammen umringt von Dreiern und einem Vogel mit der Sprechblase „flieg zu meinem Kind, es sey vorn oder hint!" Das verwendete Motiv des Herzens in Kombination mit der Zahl „3" findet sich auch bei der Darstellung eines herzenstreuenden Cupidos auf einem sogenannten „Schützenbildchen", welches sich im Besitz der Familie Mozart befand. Dort überreicht ein blinder Cupido eine Rose an eine Jägersfrau und streut dabei Herzen und Dreier aus seinem Korb.
Der Brief gemeinsam mit der Zeichnung erstaunt vor allem durch seine Bildkomposition und dadurch, dass hier der Zeichnung im wahrsten Sinne des Wortes viel Raum gegeben wird und die geschriebene Nachricht nur den Rahmen dazu bildet: dies ausgerechnet bei Leopold Mozart, der aus Kostengründen stets darauf bedacht war, die Papierseiten möglichst voll zu schreiben?
Handelt es sich daher möglicherweise doch um eine Zeichnung Wolfgangs, zu der Leopold – um den Platz bestmöglich auszunutzen – den Brieftext als Rahmen gestaltet hat?
Ausführlichere, aber nicht unbedingt besser erklärende Erläuterungen zu einer Zeichnung gibt Mozart selbst bei dem Porträt seiner Cousine Maria Anna Thekla Mozart (➤ Abb. 8) im Brief vom 10. Mai 1779 (Bauer/Deutsch 2, Nr. 525).
Was auch immer sich zwischen Mozart und seiner Cousine in Augsburg zugetragen hat, die Begegnung entfacht eine unbändige Reim- und Fabulierlust in Mozart. Reime um des Reimes willen, Gedankensprünge, Wortspiele. Die Sätze schlagen Purzelbäume, nicht nur beim Lesen, sondern auch in ihrer Anordnung. Mozart schreibt in Kreisen und Schlaufen, die Worte stehen Kopf, dazu das Porträt mit dem Titel „Engel".
Dieser Engel nimmt auf dem Blatt Gestalt an durch ein scharf konturiertes Profil mit hochgezogener Lippe, hochgesteckter Lockenpracht und blankem Busen, von dem man hoffen muss, dass er nicht naturalistisch gezeichnet ist. Rund um und in der Zeichnung karikiert Mozart durch Nummerierung der anatomischen Details eine wissenschaftliche Systematik (Figur I bis Figur V). Die Beschriftung der Bäsle-Zeichnung:

> „Engel / fig. I Kopf / Frißur fig. II / fig. III Nasn / fig. IV Brust / fig. V Hals / Aug fig. VI / [kopfstehend:] Hier ißt leer. Adieu – Adieu – Engel. Mit Nächster Ordinaire werde mehr schreiben und zwar was recht Vernünftiges, und Nothwendiges und bey diesem hat es sein verbleiben, bis auf weiter ordre.
> Adieu – Adieu – Engel". Und den Umschlag ziert die Aufschrift: „Adieu – Adieu – Engel".

Weniger liebevoll geht Mozart mit der bei den Mozarts arbeitenden Dienstmagd Tresl um, deren Konterfei er am 13. September 1780 (Bauer/Deutsch 3, Nr. 533)

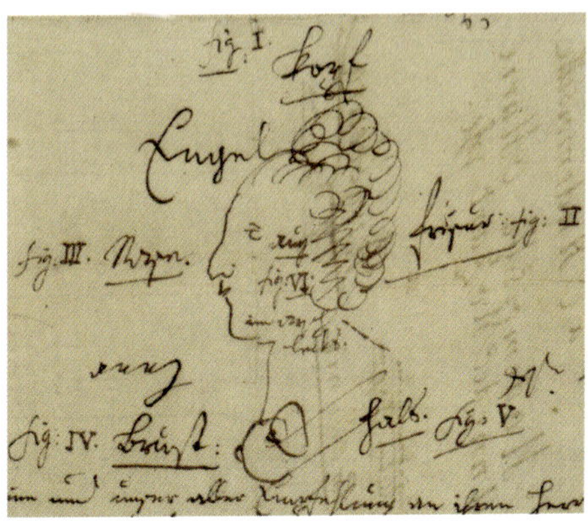
Abb. 8: Maria Anna Thekla, das Bäsle, Skizze von W. A. Mozart

in das Tagebuch seiner Schwester Nannerl kritzelt. „Theresia Päncklin zu linz geworfen Anno 1738“ ziert den unteren Rand des Tagebuchblattes, dazwischen erkennt man eine winzige Profilzeichnung.

> „den 13:ten in der halb 11 uhr Mess. zum Oberbereiter. Nachmittag beym Lodron. katherl bey uns. tarock gespiellt, um halb 6 uhr mit Papa und Pimperl spatzieren. und bis halbe 9 uhr bey Madlle La motte. schön Wetter.“

Der vorangegangene Tag ist also ausgefüllt mit Begegnungen und am Abend tritt Tresl ins Bild. Bemerkenswert ist auch der Eintrag vom 29. August 1780 (Bauer/Deutsch 3, Nr. 533) in das Tagebuch von Nannerl, denn an diesem Tag fertigt der die Mozarts besuchende Kastrat Francesco Ceccarelli Schattenrisse von Leopold, Nannerl, Wolfgang und auch von Theresia Päncklin an. Leider sind alle diese Bilder verschollen, sodass die Arbeiten nicht miteinander verglichen werden können. Allerdings ist die Tatsache, dass hier ein Dienstbote innerhalb kurzer Zeit zweimal zeichnerisch festgehalten wird, nicht alltäglich.
Ohne Beschreibung oder Bezeichnung der Dargestellten muss eine kleine Figur auskommen, die Mozart an den Rand eines Notenblattes gekritzelt hat. Vermutlich sind die Noten am Papier Beschreibung genug, soll es sich doch um Mozarts überaus begabte Klavierschülerin Barbara (Babette) Ployer handeln. Kopf, Frisur und Halspartie sind mit sicheren markanten Strichen ausgeführt, der Rest der Figur endet in Schraffuren und Kringel entlang des Blattrandes (➤ Abb. 9). Die Profilskizze schließt unmittelbar, gleichsam als Fortführung, an die Notenschrift und die darübergesetzten Ziffern an. Das Auge gleicht einer „8“, Ohr und Haare ähneln Noten.
Wie Babette Ployer in Wirklichkeit ausgesehen haben mag, bleibt der Nachwelt verborgen. Ebenso, ob diese aus der Musik entstandene Porträtkarikatur ihre markanten Merkmale festhält oder ob sie von Mozart als gedankenlose Randkritzelei angefertigt wurde, die entstanden ist, „während der Geist mit anderem beschäftigt ist“ und die Hand Linien aufs Papier zieht, „direkt am Verstand vorbei“.[2]

Abb. 9: Babette Ployer, Skizze von W. A. Mozart

■ That Mozart was, despite his “tragic” persona, an intrinsically witty and humorous contemporary is revealed to us in many of his letters. Less known are his small sketches, which appear here and there throughout those same letters. Even though his graphic activity is far from serious, these doodles reflect, once again, an inclination toward carefree silliness. The sketches range from mysterious (self portrait-) stick figures to insulting caricatures, which are still a riddle to scholars. In their respective context, the sketches’ creativity cannot be overlooked. Whether or not Mozart ever ascribed such meaning to his drawings remains unknown.

Attribute ins (Mozart-)Bild gesetzt

Sabine Greger

Attribute können in der Porträtmalerei eine wichtige Rolle spielen, dienen sie doch dem besseren Verständnis und der inhaltlichen Ergänzung eines Gemäldes. Sie beziehen sich auf den Stand, den Beruf und die Tätigkeit des Dargestellten. Wie Attribute im Einzelnen zu deuten sind, lässt sich oft nur aus dem Kontext oder anhand von schriftlichen oder mündlich überlieferten Quellen deuten. Sehr individuelle Attribute weisen häufig auf ein nur die Person betreffendes Ereignis und sind auch nur in diesem Zusammenhang zu verstehen.

In der klassischen Ikonografie weisen Instrumente, Notenblätter oder Notenhefte, häufig in Verbindung mit Federkiel und Tintenfass, auf die Profession eines Musikers oder Komponisten hin. Allegorisch zu interpretierende Objekte werden oft zur Unterstützung von Bildaussagen herangezogen. Bei Musikerdarstellungen ohne ihren Stand kennzeichnende Attribute steht meist das Interesse für die Individualität der Persönlichkeit und deren physiognomische Besonderheiten im Vordergrund.[1]

Ein Blick auf ausgewählte Porträts von Wolfgang Amadé Mozart zeigt, wie überzeugend Attribute bei der Identifizierung des Porträtierten herangezogen werden können, aber auch, wie schwierig es ist, nur aufgrund von Attributen die Authentizität eines Porträts beweisen zu wollen.

Mozart wurde bereits als Siebenjähriger zum ersten Mal porträtiert. Durch die veränderte Wahrnehmung der Kindheit ab der zweiten Hälfte des 18. Jahrhunderts wurden nun auch in bürgerlichen Schichten immer mehr Kinderbildnisse in Auftrag gegeben. Darstellungen musizierender Kinder blieben aber spärlich.

Leopold Mozart, der sehr früh die musikalische Hochbegabung seiner beiden Kinder erkannte, ließ nach deren erfolgreichem Auftritt am Wiener Kaiserhof im Herbst 1762 ihre Porträts von dem Salzburger Maler Pietro Antonio Lorenzoni anfertigen (➤ Kat. 1). Der Wunderkindstatus, dessen Ruhm sich rasch verbreitete, sollte im Bild festgehalten und der Erfolg der beiden Kinder der Welt vor Augen geführt werden. Mit großem Selbstbewusstsein ließ Leopold seinen siebenjährigen Sohn in der Art aristokratischer Kinderporträts malen, mit allen Attributen, die solche Porträts ausmachen: mit kostbarem Gewand, Perücke, Dreispitz und Degen. Den angemessenen Hintergrund bildet eine Vorhangdraperie mit goldfarbener Kordel.

Das „Galakleid" war ein Geschenk Kaiserin Maria Theresias. Leopold Mozart schreibt am 19. Oktober 1762 an Lorenz Hagenauer in Salzburg:

> „Wollen Sie wissen, wie des Wo[l]ferl Kleid aussiehet? – Es ist solches vom feinsten Tuch liloa=Farb, Die Veste von Moar nämlicher Farbe, Rock und Kamisol mit Goldborten breit und doppelt bordieret. Es war für den Prinz Max[i]milian gemacht [...]"
>
> (Bauer/Deutsch 1, Nr. 35)

Mit selbstbewusst in die Hüfte gestemmter Hand weist Wolfgang auf das Clavier, das wichtigste Attribut in diesem Bild. Vermutlich handelt es sich dabei um ein vom Maler entworfenes Musikinstrument, welches auch auf dem Bild seiner Schwester Nannerl dekorativ in Szene gesetzt wurde. Beide Bildnisse stehen in der seit der Renaissance bestehenden Tradition der

Musikerporträts. Bei Wolfgang könnte es sich um die früheste Einzel-Darstellung eines Kindes in der Gattung der Musikerporträts handeln.
Einen anderen Typus stellt das 1763 entstandene Aquarell des bekannten französischen Malers Louis Carrogis de Carmontelle dar (➤ Kat. 2, 3). Darauf ist eine fiktive Konzertsituation mit Leopold und seinen beiden Wunderkindern zu sehen. Leopold Mozart beschreibt diese Szene seinem Freund Lorenz Hagenauer in einem Brief vom 1. April 1764:

> „der Wolfg: spiehlt Clavier, ich stehe hinter seinem Se[s]sel und spiele Violin, und die Nannerl lehnt sich auf das Clavecin mit einem Arm. mit der anderen hand hält sie musicalien, als säng sie."
>
> (Bauer/Deutsch 1, Nr. 83)

Das achtjährige Musikgenie befindet sich in der Bildmitte am „Clavier", dem am häufigsten verwendeten Attribut in seinen Bilddokumenten.
Die Art der Darstellung ist eine für Carmontelle typische. Zahlreiche seiner Aquarelle zeigen die dargestellten Persönlichkeiten – meist im Profil – in demselben repräsentativen Ambiente mit Säulenordnung und Ausblick in eine Parklandschaft. Auch der „Clavier"-Typus wiederholt sich. Von diesem Bild, das in mehreren Versionen überliefert ist, ließ Leopold 1764 Kupferstiche bei Jean Baptist Delafosse anfertigen, um diese auf der Konzerttournee für Reklamezwecke einsetzen zu können (➤ Kat. 4).
Attribute, die ein traditionelles Musiker- oder Komponistenporträt ausmachen, sind eindeutig. Schwierig wird die Identifizierung, wenn ein Porträt keines dieser attributiven Merkmale aufweist oder einen sonstigen Hinweis auf den Dargestellten gibt. In diese Problematik fällt ein Dreiviertel-Porträt eines circa neunjährigen Knaben, welches angeblich 1764 in England entstanden ist. Dieses Bild eines unbekannten Malers ist unter dem Titel „Mozart mit dem Vogelnest" bekannt (➤ Kat. 67). Das Attribut überrascht. Warum wird das Musikgenie Wolfgang Amadé Mozart – dessen Erfolg und Vermarktung auf seinem Wunderkindstatus beruhte, ausgerechnet mit einem Vogelnest dargestellt?
Es handelt sich um ein hübsches Individualporträt. Das Interesse des Malers lag auf der Darstellung des kindlichen Charakters des Porträtierten, der bei der Untersuchung seines Vogelnestes kurz aufblickt. Wie in vielen englischen Porträts des 18. Jahrhunderts üblich, wird im Hintergrund eine Landschafts-Szenerie angedeutet.
Durch die geänderte Einstellung gegenüber Kindern zeigen Maler diese immer häufiger bei typischen, altersgerechten Aktivitäten, wie hier den Knaben in seinem natürlichen Entdeckungsdrang, beim Lernen in der Natur. Ist es daher nicht viel glaubwürdiger, dass hier ein Kind mit naturwissenschaftlichen Interessen zu sehen ist, wofür auch das vor ihm aufgeschlagene Buch spricht? Da auch kein allegorischer Bezug denkbar ist, handelt es sich bei dem Vogelnest mit den drei jungen Nachtigallen um ein reales „Forschungsobjekt" des Knaben.
Hingegen kann eines der berühmtesten Mozart-Porträts, „Mozart in Verona" von Gianbettino Cignaroli, als Paradebeispiel eines klassischen Musiker- und Komponistenporträts angesehen werden (➤ Kat. 6). Alle denkbaren Attribute sind vorhanden. Die Entstehungsgeschichte ist gut dokumentiert. Es wurde 1770 im Auftrag von Mozarts Gastgeber in Verona, Carlo Pietro Lugiati, gemalt. In einer Kartusche am Rahmen des Bildes finden sich folgende, im Original lateinische, Sätze des Veroneser Dichters Giuseppe Torelli:

> „Als zwölfjähriger [!] Knabe hat Wolfgang Amadé Mozart aus Salzburg in der Musikkunst sowohl das Lob aller als auch

> die Achtung der Könige von Frankreich und England auf sich gezogen. Carlo Pietro Lugiati hat das Bild seines hohen Gastes in seinem Hause malen lassen Anno 1770."

Mozart sitzt in rotem Rock und mit weißer Perücke am Instrument seines Gastgebers, ein von Giovanni Celestini 1583 in Venedig erbautes Cembalo, wie die Aufschrift auf dem Instrument verrät.
Auf dem Deckel liegt eine Violine oder Viola, daneben steht ein Tintenfass mit Kielfeder. Die typischen Attribute eines Komponisten beziehen sich unmittelbar auf das musikalische Werk auf dem Notenpult, welches als „Veroneser Allegro" in G-Dur (KV 72a) bekannt ist. Das Gemälde stellt bis heute die einzige Quelle zu diesem Stück dar. Mozarts rechte Hand berührt die Tasten, am kleinen Finger ist deutlich ein Diamantring sichtbar. Bei diesem Schmuckstück soll es sich um ein Geschenk von Joseph Wenzel Fürst von Fürstenberg von 1766 in Donaueschingen handeln.
Vielleicht ist es dieser Ring, dem 1770 in Neapel der Nimbus eines Zauberrings verliehen wurde? So erinnerte sich Nannerl in ihren Aufzeichnungen biografischer Daten ihres Bruders im April 1792:

> „Neapel. in conservatorio alla pieta, da der Sohn spielte, verfielen alle auf den gedanken in seinem Ring stekete die Zauberey, er zog den Ring ab, und dann war erst alles voll verwunderung."
>
> (Bauer/Deutsch 4, Nr. 1212)

Dieser Diamantring spielt auch in den nachfolgenden zwei Mozart-Porträts eine entscheidende Rolle. Er dient als eines der Beweismittel bei der Identifizierung eines sehr qualitätsvollen Porträts eines jugendlichen Violinisten von Giandomenico Cignaroli aus dem Jahr 1771 aus trentinischem Privatbesitz, welches 2006 erstmals öffentlich ausgestellt wurde (➤ Kat. 69).
Es zeigt einen Knaben in privater Atmosphäre mit Perücke und einem edlen Hausmantel. Die locker gehaltene Geige ist detailgetreu wiedergegeben. Auf dem Tisch befindet sich ein Notenpult mit einem Notenblatt. Auffallend ist der Ring, den der junge Musiker an der linken Hand trägt.[2] Dieser wird als identisch mit dem oben erwähnten Ring bezeichnet, was sich aber bei näherer Untersuchung als unwahrscheinlich herausstellt. Das Aussehen der beiden Schmuckstücke ist zu unterschiedlich. Handelt es sich bei dem „Verona"-Ring ausschließlich um Diamanten, sechs kleinere umrahmen einen etwas größeren Stein in der Mitte, so besitzt der Ring des jungen Geigers einen großen, dunkel anmutenden Edelstein im Zentrum, der von vielen kleinen Diamanten umgeben ist.
Ein solcher Ring wird auch zum bestimmenden Attribut eines anonymen Gemäldes, welches um 1773 entstanden ist und als „Mozart mit dem Diamantring" bekannt ist (➤ Kat. 71). Zu sehen ist ein junger Mann (Mozart?) im roten Rock in selbstbewusster Attitüde. Ein Schlaglicht hebt den Diamantring am linken kleinen Finger hervor. Dieser Ring wird als Beweis bei der Argumentation um die Identität des Dargestellten herangezogen.
Er soll dem Ring entsprechen, den Mozart 1762 von Kaiserin Maria Theresia erhalten hatte und der bis 1945 im Besitz der Stiftung Mozarteum Salzburg war. Seitdem gilt er als Kriegsverlust. Es handelte sich laut Museumskatalog von 1882 um einen Goldring mit einem „Prachtexemplar von einem Adular", einem Mondstein, welcher von zwölf Diamanten im Tafelschliff umgeben ist.[3]
Ein Ring dieser Beschreibung befindet sich auf keinem der drei Gemälde, trotzdem wird er immer wieder mit diesen Porträts in Verbindung gebracht. Alle drei dargestellten Ringe haben ein unterschiedliches Aussehen, was auch auf die Interpretation des jeweiligen Malers und dessen persönlichen Stil

Abb. 10: Ringdetail aus Kat. 6

Abb. 11: Ringdetail aus Kat. 69

zurückgeführt werden kann. Das Veroneser Bild hat eindeutig einen Diamanten, die beiden anderen einen eher dunklen Stein in der Mitte. Umgeben sind alle mit einer unterschiedlichen Anzahl von Diamanten. Einzig der Ringtypus mit zentralem Stein wurde beibehalten. Bedenkt man aber, dass dieser Typus im 18. Jahrhundert ein sehr üblicher war, dürfte sich die Frage erledigt haben, ob die Abbildung eines solchen Ringes für die Identifizierung eines Mozart-Porträts ausreichend ist. Bei dem Gemälde „Mozart als Ritter vom Goldenen Sporn" von Johann Nepomuk della Croce (?) handelt es sich um ein gesichertes Mozart-Porträt (➤ Kat. 7). Es wurde 1777 für die Galerie berühmter Musikerpersönlichkeiten von Padre Martini in Bologna gemalt. Bestimmendes Attribut ist der Orden vom Goldenen Sporn, der Mozart 1770 von Papst Clemens XIV. in Rom verliehen wurde. Das Ordenszeichen hat die Form des achtspitzigen Johanniter- oder Malteserkreuzes an einem roten Band. Der goldene Sporn befindet sich zwischen den beiden unteren Spitzen. Dieses Attribut steht als Bedeutungsträger im Vordergrund und wird durch seine Position in der Mitte des Bildes und die scheinbar vom Orden ausgehenden Strahlen bewusst in Szene gesetzt. Die Attribute wie Klavier und Notenblatt mit liturgischer Musik und die Inschrift „CAV. AMADEO WOLFGANGO MOZART ACCAD. FILARMON: DI BOLOG. E DI VERONA" verweisen auf die Profession des Dargestellten.

Im Zusammenhang mit musikalischen Attributen soll auch das große Familienbild der Mozarts von 1780/81 von Johann Nepomuk della Croce (?) erwähnt werden (➤ Kat. 60). Die Geschwister sind während des Spiels dargestellt. Das Übergreifen der Hand deutet, wenn es wirklich einer Spielsituation entsprochen haben soll, auf die Sonate in C für Klavier zu vier Händen KV 19d hin. Leopold präsentiert sich mit seiner Geige als Musiker, das vor ihm liegende Buch verweist auf ihn als Pädagogen und Autor des berühmten Lehrwerks „Versuch einer gründlichen Violinschule". Federkiel und Tintenfass nehmen Bezug auf Vater und Sohn als Komponisten. Symbolischen Charakter hat die mythologische Nischenfigur im Hintergrund. Apollo, der in der Antike unter anderem als Gott der Musik verehrt wurde, findet sich häufig auf Gemälden von Musikern des 18. Jahrhunderts.

Auffallend ist, dass es von Mozart kein Porträt zu seinen Lebzeiten gibt, welches ihn beim Komponieren zeigt. Von anderen berühmten Musikerkollegen wie Gluck, Haydn und Beethoven existieren klassische Komponistenporträts (➤ Abb. 1, 2), in denen sie mit

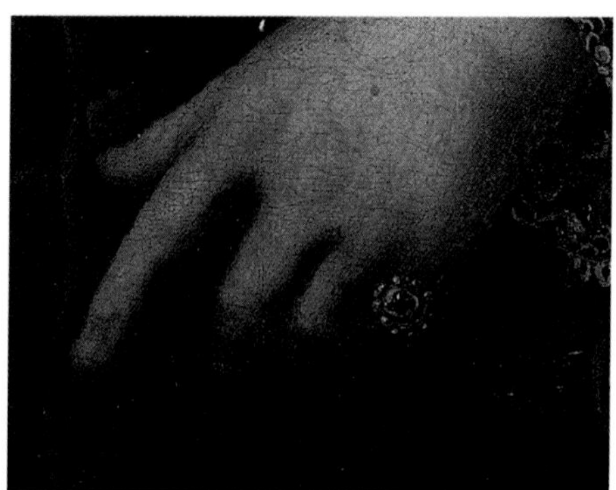

Abb. 12: Ringdetail aus Kat. 71

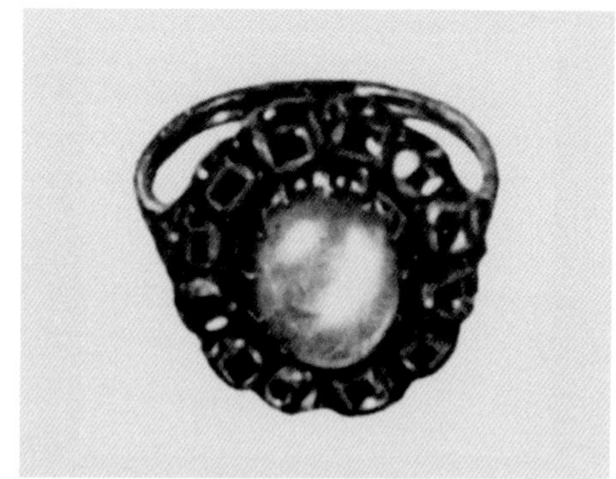

Abb. 13: Mozarts Diamantring (verschollen, ehemals Besitz ISM)

einem halbbeschriebenen Notenblatt, einer Kielfeder in der Hand und entrückt konzentriertem Blick beim Komponieren dargestellt werden.[4] Die Bildnisse seiner letzten Lebensjahre verzichten auf Attribute, mit Ausnahme des unvollendet gebliebenen Porträts seines Schwagers Joseph Lange von 1789, das in Ansätzen ein Klavier erkennen lässt. Bei diesen Darstellungen stehen Charakter und die Individualität seiner Persönlichkeit sowie in einigen Porträts bereits eine gewisse Idealisierung im Vordergrund.

■ What are attributes? Which do we associate with portraits of composers, and which with Mozart? Often the attributes found in images are obvious; for example, when Mozart is portrayed at the harpsichord, either during his trip to Verona, or along side his sister. The difficulty in assessment arises when dealing with unidentified portraits containing attributes: a wig, a violin, a keyboard instrument and sheets of music. These assist in the identification of questionable Mozart-portraits, if there is no artist's signature, or if the origin of the work has yet to be determined. A certain continuity becomes apparent in such cases, which allows the picture to be identified primarily through attributes as a portrait of Mozart. The fact that Mozart owned a diamond ring, is not enough evidence in itself to conclude that a portrait with a ring is authentic, since many affluent individuals of the time possessed similar rings. Likewise, not every young pianist at the keyboard instrument will necessarily prove to be Mozart. Rather, such an image could represent a musical talent among circles of the nobility. Similarly, a bird nest may more likely refer to a young student of nature than to a young composer.

> „[...] ein Kupferstecher arbeitet über Hals und Kopf unsere Portraits die H: v Carmontel |: ein Liebhaber |: sehr gut gemahlt hat, zu stechen. der Wolfg: spiehlt Clavier, ich stehe hinter seinem Ses[s]el und spiele Violin, und die Nannerl lehnt sich auf das Clavecin mit einem Arm. mit der anderen hand hält sie musicalien, als säng sie."
>
> (Bauer/Deutsch 1, Nr. 83)

So lautet Leopold Mozarts Bericht vom April 1764 über ein Gruppenporträt, das für die Ikonografie-Forschung rund um Wolfgang Amadé Mozart von nachhaltiger Bedeutung wurde. Die lieblichen und durchaus dekorativen Aquarelle von Louis Carogis de Carmontelle (1717–1806), ein Liebling des französischen Hofes rund um Louis XV., mutierten um diese Zeit zu einer Art „Must-have" der Noblesse. Selten zuvor schuf ein Künstler eine derartige Vielzahl an Porträts von Personengruppen oder Individuen der höheren Gesellschaftsschichten. Eine Besonderheit liegt auch im Talent Carmontelles, sich auf dem Parkett der Aristokratie mit größtem Können zu bewegen. Verkaufen, um zu überleben, musste Carmontelle nie. Erst 1789[1], längst ohne jegliche finanzielle Sorgen, entschied er sich dazu, das eine oder andere Exemplar mit großem kaufmännischem Gespür auf den Markt zu bringen. Seine Arbeitspraktiken orientierten sich bereits zu Beginn seines Ruhmes an der stetig steigenden Nachfrage, was dazu führte, dass Carmontelle bald eine Palette an räumlichen und gestalterischen Versatzstücken verwendete, die bunt durchmischt von Aquarell zu Aquarell wieder auftauchen. Häufig arrangiert der Künstler die Dargestellten mit einigen Möbeln oder Instrumenten vor solch einem komponierten Hintergrund, der häufig durch einen mit Säulen abgegrenzten Bildraum den Blick in eine reizvolle Landschaft freigibt. Dieser markante in Variationen oftmals verwendete Bildhintergrund – er erinnert an die Landschaftswände der frühen Porträtfotografie des 19. Jahrhunderts – gab nicht nur allein bei den Mozart-Blättern Anlass zu Spekulationen. Von Versailles bis Vaux-le-Vicomte mussten fast alle französischen Schlösser in und um Paris als mögliche Option herhalten. Wer jedoch Carmontelles Interesse an der Gartengestaltung und der Natur kennt und bedenkt, dem eröffnet sich ein vollkommen neuer Ansatzpunkt. 1773 erhielt Carmontelle vom Duc de Chartres den Auftrag, dessen Garten neu zu gestalten, den heutigen Parc Monceau in Paris.[2]

Die dort noch heute erhaltene Naumachie (➤ Abb. 14) erinnert mit ihren Kollonaden an Carmontelles Gruppenbilder und ist der vielleicht erst später real gewordene Darstellungsort seiner kleinen Szenerien. Allein die Porträtierten selbst werden weitgehend dem Begriff der Realität gerecht – aber genau dieser Faktor interessiert bei Mozart am meisten. Immer wieder steht die Frage von dessen Aussehen im Zentrum von Diskussionen, da die heute bekannte Fülle an unterschiedlichsten Mozart-Köpfen stetig Zuwachs erhält. Im Falle des vom französischen Künstler geschaffenen Familienaquarells dürfen wir davon ausgehen, tatsächlich den kleinen Wolfgang Amadé vor uns zu haben, sittsam mit Vater und Schwester musizierend. Das Aquarell von Carmontelle stellt die Mozart-Forschung vor eine Fragestellung der besonderen

Abb. 14: Naumachie Parc Monceau, Paris

Art: Es ist nicht bloß die Ikonografie, die interessiert, sondern die Tatsache, dass dieses Motiv schon zu Lebzeiten von Wolfgang Amadé eine enorme Verbreitung (bis hin zu mehreren Nachdrucken im 19. Jahrhundert) erfahren sollte. Eine Gegebenheit, wie sie uns sonst nur im Fall von posthumen oder späteren Varianten von zu Lebzeiten angefertigten Porträts bekannt ist.

Bevor das Hauptaugenmerk auf die Verbreitung des Mozart-Bildes von Carmontelle gerichtet wird, geht es vor allem darum, aufzuzeigen, dass es sich bei der Reproduktion eines einzelnen Motivs in unterschiedlichen Medien – sei es in Öl, als Stich oder Druck – um keinen Einzelfall handelt. Leopold Mozarts Gespür, dieses optisch attraktive Ensemble für Werbezwecke einzusetzen, beruht durchaus auf einer kunsthistorischen Tradition. Bereits im Deutschland der Renaissance verstanden es kluge Köpfe, bei der Vermarktung und Bekanntmachung einer Person oder ihrer bestimmten Idee, voll und ganz auf ein Porträt derer selbst zu setzen. Wie im 16., war auch in der zweiten Hälfte des 18. Jahrhunderts die breite Masse des Lesens oder gar mehrerer Sprachen nicht mächtig. Um dieser Problematik entgegenzuwirken, zeugt es von beachtlichem Geschick, vor allem auf eine visuelle Wiedererkennung zu setzen. Eine dieser ersten großen Imagekampagnen, in deren Reihe auch jene von Leopold Mozart zur Vermarktung der Europatournee seines Sohnes gesehen werden darf, ist die für den Reformator Martin Luther aus Eisleben. Der Künstler, welcher hinter dieser Aktion agierte, war Lucas Cranach d. Ä., der berühmteste Porträtist seiner Zeit. Aus dessen enormem Œuvre haben sich neben den für einen Maler der Zeit gängigen biblischen und klassischen Motiven sehr viele Porträts bedeutender Zeitgenossen erhalten. An erster Stelle der Porträtierten steht, weit vor den anderen, Martin Luther; mindestens elf Bilder des Theologen sind von der Hand Cranachs überliefert. Eines der frühesten, jenes, das Martin Luther als „Junker Jörg" zeigt, kann zugleich als Paradebeispiel für einen Vergleich zu den Mozarts angeführt werden.[3] Angeblich entstand es im Dezember des Jahres 1521, als sich Martin Luther auf der Flucht und am Weg zur Wartburg befand. Es zeigt den Gelehrten in einfache Gewänder gehüllt mit Vollbart und ohne Kopfbedeckung – so ganz anders, als es der Betrachter von den typischen Porträts gewohnt ist. Damals war es genau dieser Darstellungstypus, der nach Luthers Freilassung im März 1522 zur Anfertigung eines Holzstiches herangezogen wurde. Der von Johann Schwertel in Wittenberg veröffentlichte Stich[4] gibt Luther zwar nur im Brustbild wieder, aber es handelt sich dabei zweifelsohne um eine seitenverkehrte Version des Ölgemäldes vom Dezember des Vorjahres. Die Wissenschaft weiß heute von zwei Auflagen des Holzstiches, die mit großer Wahrscheinlichkeit angefertigt werden mussten, um der Erwartungshaltung der Wittenberger Bevölkerung gerecht zu werden. Zum einen wurde Luthers Rückkehr aus der erzwungenen Isolation zelebriert, andererseits wollte man Bedenken zerstreut wissen, dass Luther nicht mehr am Leben sei. Die Aufschrift auf der ersten Version des Stiches, nämlich „Imago Martini Lutheri eo habitu expressa quo reversus est ex Pathmo Witembergam Anno Domini 1522" bestärkt diese Annahmen.[5] Dass Luther selbst Initiator dieser Aktion war, ist eher unwahrscheinlich, aber der Erfolg dieser Holzstichserie als Werbemittel dürfte ihm imponiert haben, was in den kommenden Jahren zu mehreren Kooperationen ähnlicher Art mit Lucas Cranach führte. Eine weitere Parallele zur Causa Mozart repräsentiert die Anfertigung mehrerer ähnlicher, beinahe identischer Porträts in Öl. Das Porträt des Junker Jörg existiert somit vier Mal; Luther wollte diesen Bildtypus gewiss schnell von sich abwälzen und mit Sicherheit nicht forcieren,[6] aber dennoch ließen wohlhabendere Auftraggeber das Porträt für sich kopieren, bloß, um sich von den zahlreichen Holzstichbesitzern abzuheben. Nichtsdestotrotz folgten sie dem damaligen Trend, ein Porträt Martin Luthers als Junker Jörg zu besitzen, auch wenn diese Tendenz, wie erwähnt, beim Dargestellten selbst wenig Anklang fand.

Beim Aquarell von Carmontelle dürfte es sich ähnlich verhalten haben. Wer auch immer der Auftraggeber oder Besitzer der Urversion gewesen sein mag, man darf mit großer Wahrscheinlichkeit an den Künstler selber denken, vom Wunderkind begeisterte Mitglieder des Hofes wollten eine Kopie des Familienporträts für sich. Somit existieren heute mindestens sechs Versionen des Aquarells.[7] Beim genaueren Vergleich der einzelnen Stücke aus den jeweiligen Sammlungen fällt auf, dass es vor allem im Detail (z.B. bei den Noten oder den Spitzenverzierungen an den Gewändern) Unterschiede in der Qualität der Ausführung gibt. Das Exemplar des Musée Condé in Chantilly ist zwar dem des Musée Carnavalet (➤ Kat. 2) auf den ersten Blick sehr verwandt, aber in der Zeichnung weniger raffiniert ausgeführt als das Pariser Exemplar. Dieses Blatt scheint sogar alle anderen an Qualität und Ausführung zu übertreffen, so ist es wohl dasjenige, das der ersten Version entspricht, die Carmontelle stets selbst besaß. Am „gröbsten" oder am meisten zeichnerisch in der Strichführung ist das Exemplar der Castle Howard-Collection (➤ Kat. 3), so dass es demnach auch danach entstanden sein könnte. Dies legt die Vermutung nahe, dass Carmontelle eventuell noch Jahre später von seinem Stück weitere Exemplare für interessierte Kunden anfertigte, zu denen die Version aus Castle Howard zählen könnte. Der Adel, der es sich leisten konnte, wollte sich von der Masse der Besitzer des mit dem Aquarell sehr ähnlichen Kupferstiches von Delafosse, einer typischen Reproduktionsgrafik[8], abheben. Auch wenn die Beweggründe bei

Luther und Mozart nicht hätten unterschiedlicher sein können, belegen diese beiden Geschichten eines: Die beeindruckende Verbreitung eines einzelnen Motivs ist alles andere als eine kunsthistorische Ausnahmeerscheinung.

Bereits Edward Speyer verweist in einem Aufsatz zum Exemplar in der National Gallery London, heute im British Museum, darauf, dass Carmontelle das originale Exemplar stets für seine persönliche Sammlung anfertigte.[9] Ein Hinweis, der diese Annahme bekräftigt, findet sich auch in oben angeführter Briefstelle vom April 1764, in der Carmontelle als ein Liebhaber, also gewissermaßen Fan, der Mozarts angeführt wird. Allerdings wurden diese Erstexemplare nicht unter Verschluss gehalten. Carmontelle verteilte seine Arbeiten, die tatsächlich von einzigartiger künstlerischer Qualität sind, auf drei Alben, welche am Hofe des Duc d'Orleans, bei welchem der Künstler angestellt war, zur Belustigung des höfischen Publikums auflagen. Noch vor seinem Tod und der Versteigerung der Sammlung des Künstlers im April 1807 übergab Carmontelle seinem Freund Richard de Lédans eine Liste mit der Bezeichnung der in den Alben dargestellten Personen. Über die Jahre gelangte der Großteil der Stücke in den Besitz von Pierre de La Mésangère (1761–1831), der die in seinem Eigentum befindlichen Porträts in einheitliche Passepartouts rahmen ließ und anschließend unter Bezug auf Lédans Liste[10] beschriftete. Nach dem Tod de La Mésangères wurde dessen Sammlung veräußert und ein Großteil der Carmontelle-Blätter gelangte in den Besitz des Duc d'Aumale. Sie bildet den Grundstock des heutigen Musée Condé in Chantilly.[11] Aufgrund dieser lückenlosen Provenienz ist auch ein Rückschluss auf die viel diskutierte Frage nach der Ur-Version dieses Mozart-Porträts zulässig. Da das erste Exemplar eines war, das in Carmontelles privater Sammlung gewesen sein muss, trägt es, sofern eines der Mozart-Porträts in diese Sammlung gelangte, eine Beschriftung von La Mésangère. Dies ist bei mindestens zwei Exemplaren der Fall, nämlich jenen aus dem British Museum und der Castle Howard Collection. Neben der handschriftlichen Bezeichnung zeichnen sich die beiden Exemplare auch durch das gleiche Passepartout aus. Da diese Kombination aus gleicher Handschrift und ebendiesem Passepartout heute bei in verschiedenen Sammlungen befindlichen Arbeiten Carmontelles auftauchen, dürfte es sich dabei tatsächlich um die Rahmung von La Mésangère handeln. Aus dieser Erkenntnis ergibt sich aber zwangsläufig die Schlussfolgerung, dass ein einwandfreier Nachweis der Erstversion nicht mehr möglich ist und sich diese höchstens auf einige Stücke eingrenzen lässt. Besonders häufig findet sich der Hinweis, dass es sich bei dem im Musée Condé in Chantilly befindlichen Exemplar um die erste Mozart-Darstellung von Carmontelle handeln müsse. Leider war es nicht möglich, eine Abbildung des Aquarells mit Rahmung zu erhalten[12]. Sollte es sich dabei ebenfalls um die bekannte Einrahmung mit den charakteristischen Merkmalen der Sammlung La Mésangère handeln, würde dies lediglich bedeuten, dass dieses Stück ein weiteres Exemplar im Kreis der möglichen Urversionen darstellt. Abgesehen davon ist von einer weiteren Diskussion, die auf die Auffindung des ersten Mozart-Carmontelle abzielt, zur Gänze abzusehen.

Auch wenn sich bis heute eine beachtliche Stückzahl dieses mozartischen Familienporträts erhalten hat, so sind alle Exemplare bei einer genauen Betrachtung durch ein hohes künstlerisches Können geprägt. Alle stammen deswegen mit großer Wahrscheinlichkeit von der Hand Carmontelles, auch wenn die von La Mésangère angebrachte Datierung auf 1777, die im Widerspruch zur dokumentierten Entstehung dieses Bildmotivs von 1764 steht, manche Verwirrung gestiftet haben wird.

Ein weiteres Mysterium gibt eine Version aus Pariser Privatbesitz[13] auf, die angeblich lediglich Leopold und Wolfgang Amadé Mozart zeigt, ohne die Begleitung von Maria Anna. Zwar scheint es in der Zwischenzeit bedauerlicherweise als hingenommen, dass dieses Aquarell während des zweiten Aufenthalts Mozarts in Paris 1766 entstanden sein muss, Mozart wirkt wesentlich reifer, Leopold gar älter – aber im Hinblick auf Carmontelles Œuvre ist verstärkt anzunehmen, dass es sich bei den Dargestellten um Mitglieder der französischen Gesellschaft handelt. Wie in vielen der von ihm gemalten Szenen werden diese beim Musizieren gezeigt. Kein Indiz, das ausnahmslos den Rückschluss auf Mozart zulässt, wie sich anhand vieler fälschlicher Porträtzuschreibungen erläutern ließe. Außerdem gibt die Plakette am oberen Rand des Aquarells – eine weitere, unten angebrachte, weist die dargestellten Personen als Vater und Sohn Mozart aus – einen Hinweis auf die Opern *Die Hochzeit des Figaro*, *Die Entführung aus dem Serail* und *Don Giovanni*,[14] die mit diesem Lebensabschnitt Mozarts nichts zu tun haben. Da die Bezeichnung folglich Jahrzehnte später angebracht worden sein muss, dürfte sich auch die darauf basierende Beweisführung im Hinblick auf eine Mozartdarstellung kaum als haltbar erweisen. Robert Borys Ansicht, dass dieses vom französischen Musikwissenschafter Henry de Curzon 1927 identifizierte Doppelporträt „wohl das einzige Bildnis nach dem Leben sei, das der berühmte Porträtist (Carmontelle) von Leopold und Wolfgang Mozart malte", ist entschieden zu widersprechen. Selbst die Begründung, dass es im Gegensatz zu den anderen fünf Versionen „so lebendig und echt wirke" und „Wolfgang so dargestellt ist, wie er damals ausgesehen haben wird, ohne jede Schönfärberei mit dem müden Gesicht eines Wunderkindes"[15], wirkt befremdlich. Wahrscheinlicher erscheint die Auffassung, dass hier das gelangweilte Gesicht eines französischen Adelssprosses wiedergegeben wurde. Außerdem wird in keiner der aus der Familie Mozart erhaltenen Quellen eine derartige Fassung erwähnt, lediglich jene mit Nannerl wird darin bis ins 19. Jahrhundert von den Familienmitgliedern rezepiert.

Schlussendlich geht es aber doch darum, aufzuzeigen, dass es sich auch lohnt, die Person des Louis Carrogis de Carmontelle genauer zu beleuchten und dessen Schaffen und Werdegang nicht zur Gänze hinter den Mozart-Diskussionen rund um diese Darstellung zu vergessen. Viele offene Fragen lassen sich auf diese Weise ganz einfach erklären und bedürfen gar keiner komplexen Modelle, die auf eine Generierungsgeschichte des Familienporträts von Carmontelle abzielen. Außerdem wird jedem, der sich die Zeit nimmt, eines der lieblichen Aquarelle in Ruhe zu betrachten, klar, aus welchem Grund Leopold Mozart ausgerechnet die Verbreitung dieses Bildes forcierte: Das Motiv gefällt – einst und heute.

■ By childhood, W. A. Mozart had become one of the most portrayed individuals of his time. During their first tour through Europe, his father presented him to the public and at the royal courts, where he was heralded as the child prodigy from Salzburg. The French painter and a favourite among the nobility, Louis Carrogis de Carmontelle, who was coincidentally a fan of young Mozart, captured the performing family in one of his watercolors. This stunning picture soon became famous and would be copied several times by the artist. Leopold Mozart used a print based on the watercolor for a sophisticated image campaign, and versions of it later spread throughout Europe, circulating until the nineteenth century. Unravelling the portrait's history from a new point of view reveals that there is much to be discovered, not only in relationship to the painting itself, but also in regard to the interesting persona of Carmontelle.

„Posch" gegen „Lange" – erst getauscht, dann verwechselt

Christoph Großpietsch

Einleitung

Sein ambitioniertes Projekt einer großen Mozart-Biografie konnte Legationsrat Georg Nikolaus Nissen, der im März 1826 verstarb, nicht mehr abschließen. Diese Aufgabe übernahm dann seine Witwe Constanze, die bekanntlich zuvor Mozarts Ehefrau gewesen war. Die mehrere hundert Seiten umfassende, von Anton Jähndl und Johann Heinrich Feuerstein redigierte und bei Breitkopf & Härtel erschienene Biografie, die zuletzt von Anja Morgenstern ausführlich untersucht wurde,[1] umfasst auch einen Notenteil im Kupferstich, hinzu kommen ganzseitige Illustrationen in lithografischer Technik. Von diesen drei getrennt voneinander gedruckten Fertigungsteilen wurde die Buchdruck- und Kupferstichproduktion im Leipziger Musikverlag besorgt, die Lithografien wurden in Absprache von einer modernen Steindruckerei in München übernommen und mussten vom Buchbinder laut einer „Nachricht für den Buchbinder" an den richtigen Stellen eingepasst werden, was nicht immer geschah. Die Biografie selbst ist vermutlich die teuerste und aufwendigste frühe Mozart-Biografie. Die im Buch vorgesehenen Lithografien sind die frühesten bekannten Reproduktionen von Porträtgemälden. Wolfgang Amadé Mozart wird in der Biografie von Nissen dreimal bildlich dargestellt. Auf das Kinderporträt „mit 7 Jahren" folgt ein überformatiges Gruppenbildnis, das Große Familienbild mit den Geschwistern Mozart am Cembalo (➤ Kat. 60), und schließlich als wichtigstes Einzelporträt des erwachsenen Komponisten, das „Ehegattenporträt" (➤ Kat. 31, 34), auf dem der 25-jährige Mozart seiner Braut Constanze gegenübergestellt ist.[2] Die Tafeln hielt Constanze übrigens für so bedeutend, dass sie sie kurz nach Drucklegung in ihrer Salzburger Wohnung gerahmt aufhängte,[3] was insofern nicht zwingend nötig gewesen wäre, da sich fast alle Gemäldevorlagen[4] ohnehin in Constanzes Besitz befanden.
Der Hintergrund der Entstehung der Lithografien ist und bleibt rätselhaft. Es gibt keine konkreten Hinweise, wer die Lithografien geschaffen hat, da es nicht eine Bezeichnung auf ihnen gibt, die auf den Lithografen oder zumindest auf ein Monogramm weisen würde. Aufgeklärt hat sich immerhin, dass Constanze die Bildauswahl für die Mozart-Biografie, erst nachdem die Tafeln gedruckt worden waren, an einer entscheidenden Stelle geändert hat, so dass eine zuvor als anonym geltende Grafik nun in das Umfeld der Illustrationen der Biografie zugeordnet werden kann.

Exposition

In der Zeit von Mitte Juni bis Mitte August 1828 hielt sich Constanze mit ihrer Schwester Sophie in München auf und besorgte dort die für die Mozart-Biografie erforderlichen Druckgrafiken. Die in Salzburg befindlichen Gemäldevorlagen für die Lithografien mussten mit auf die Reise, weil es sonst noch keine Reproduktionen gab. Allein für das große Familienbild verwendete Constanze eine heute verlorene, offenbar exzellente verkleinerte Kopie.[5] Das überformatige Blatt ist das einzige, das den Namen des herstellenden Münchner Lithografie-Betriebes preisgibt: „Gedr. v.

Jos. Lacroix in München". Gemeint ist die Steindruckerei von Joseph Lacroix (um 1789–nach 1837) in der Herzogspitalgasse,[6] ein schon in den frühen 1820er-Jahren ansässiger Steindruckbetrieb, über dessen Gründer wenig Biografisches bekannt ist. Fraglich ist dagegen, wer die lithografischen Arbeiten bzw. Teile davon ausführte. Eine Reihe von Druckgrafikern ließ in dieser Zeit bei Lacroix drucken, etwa Andreas Borum, Michael Brandmüller, Heinrich Ambros Eckert, Carl Friedrich Heinzmann, Franz Seraph Hanfstaengl, Carl August Helmsauer, Gustav Wilhelm Johann Georg Schreiner und Nicolaus Zach. Alle diese Künstler kommen also für eine Beteiligung an den Mozart-Tafeln infrage.

Aus der Korrespondenz, die Constanze Mozart führte, und vor allem aus den Tagebucheinträgen[7] sticht als Name eines Lithografen nur der Familienname „Hanfstaengl" heraus. Weil dessen Brüder 1828 noch zu jung waren, muss es sich dabei um Franz Seraph Hanfstaengl (1804–1877) gehandelt haben, der die Biografie auch subskribierte. Der Annahme, dass die Grafiken von Hanfstaengl lithografiert und von Lacroix gedruckt worden seien, folgt auch Joseph Heinz Eibl im Kommentar zur Mozart-Briefedition.[8] Dem schließt sich Dieter Goerge an: „1828 hat er [Lacroix] die von Franz Hanfstaengl angefertigten Lithographien für die Mozart-Biographie gedruckt."[9] Lacroix hatte seine Steindruckerei etwa 1825 konzessionieren lassen. Schon 1826 hatte Hanfstaengl bei Lacroix drucken lassen, es gab also 1828 eine Geschäftsbeziehung. Der ebenso hochbegabte wie selbstbewusste Franz Seraph Hanfstaengl[10] hatte durch Förderung von Akademiepräsident Friedrich Schlichtegroll, dem ersten Mozart-Biografen, schon als Elfjähriger druckgrafische Arbeiten ausführen dürfen. Zunächst Schüler der Münchener Feiertagsschule ging Hanfstaengl später auf die Kunstakademie und wurde selbst Zeichenlehrer an der Feiertagsschule. Zugleich hatte er sich schon mit 19 Jahren erfolgreich darauf spezialisiert, Personen des Hochadels und der Münchner Gesellschaft zu lithografieren, was ihm den Titel „Graf Litho" einbrachte. Eine andere Richtung schlug er ein, als er ab 1827 für den akademiekritischen Münchener Kunstverein Reproduktionen von Gemälden herstellte und 1828 begann, ganze Gemäldezyklen grafisch umzusetzen. Irritierend ist dagegen die Zusammenarbeit Constanze Nissens mit dem Nazarener und Historienmaler Peter von Cornelius, der als Kunstakademiedirektor der damals mächtigste Künstler um König Ludwig I. von Bayern war. Constanze lobt, ohne ein persönliches Wort über Hanfstaengl und Lacroix zu verlieren, allein Cornelius in den höchsten Tönen: So heißt es am 30. Juni 1828 in München:

> „Durch Ritter von Corneli[u]s, Director der bildenden Künste, wurde ich in den Stand gesetz[t] meine geschäfte vollkommen gut aus zu führen; [. . .]"
>
> (Bauer/Deutsch 4, Nr. 1426).

Zwei Wochen später, schwärmt sie noch immer:

> „Seit 4 Wochen bin ich also hier und werde alle meine Gemälde, die in der Biographie erscheinen sollen, durch die Güte des Ritters von Cornelius, Director der Bildenden Künste, dahin bringen, dass es lauter Kunst=Werke seyn sollen – dieser grosse Mann, der mich aus Verehrung für Mozart, so wie Sie mein Freund, mit der grössten Freude aufnahm, bietet nun alles mögliche auf, u. hülft mir, dass die Gemälde aufs Beste und Schönste gemacht werden, um d. Mozart'=schen Biographie würdig zu seyn; ja er legt sogar selbst Hand an."
>
> (Bauer/Deutsch 4, Nr. 1427)

Abb. 15: Das Ehepaar Mozart (verworfene Version), vgl. Kat. 36

Abb. 16: Das Ehepaar Mozart (endgültige Version), vgl. Kat. 34

Aus diesem Zitat spricht nicht nur die große Mozart-Verehrung von Cornelius, die nach Auskunft von Frank Büttner eindeutig belegt ist, sondern auch der Hinweis, Cornelius habe an den Grafiken mitgearbeitet, indem er „sogar selbst Hand angelegt" habe. Trotzdem ist Skepsis angebracht bei der daraus folgenden Annahme, dass „alle Lithografien zur Mozartbiografie Nissens in München mit Unterstützung des Akademiedirektors Peter von Cornelius in der von Joseph Lacroix betriebenen Steindruckerei vom jungen Franz Hanfstaengl hergestellt wurden", wie es Richard Bauer formuliert.[11] Die Schlüsselfigur der Münchener Kunstszene hatte keinen Grund, sich dem jungen Franz Hanfstaengl als Druckgrafiker zuzuwenden. Schroffer als andere Akademieschüler hatte sich Hanfstaengl in der Hinwendung zur Porträtlithografie und zur Reproduktionsgrafik gegen die Vorherrschaft der Historienmalerei gewandt, wie Cornelius sie vertrat.[12] Der hochtalentierte Bauernsohn aus Baiernrain musste seinem Lehrer als merkantil ausgerichteter Emporkömmling vorgekommen sein. Und in der Tat gibt es in Hanfstaengls umfangreichem Werkkatalog nicht den geringsten Hinweis auf eine Mozart-Darstellung. Auch sind die mehr als 30 Lithografien, die Hanfstaengl in den Jahren von 1823 bis 1829 schuf, fast ausnahmslos signiert und datiert, ganz im Gegensatz zu jenen in der Biografie Nissens. Beide Sachverhalte sind im Grunde keine Indizien für eine Beteiligung Franz Hanfstaengls. Andererseits legt Constanzes Korrespondenz – in dürren Andeutungen – nahe, dass Hanfstaengls Arbeit eng mit der von Lacroix, der als Drucker außer Frage steht, verknüpft gewesen war. Dies geht beispielsweise aus dem unter dem 5. Oktober 1829 notierten Hinweis Constanzes hervor, Postsekretär Karl Thanhauser, auch Subskribent der Biografie, solle sich an Lacroix und Hanfstaengl wenden, um zu erfahren, auf welche Seiten der Biografie (wohl für den Buchbinder) die einzelnen Lithografien zu verteilen seien.[13] Wenn nicht nur Lacroix, sondern auch Hanfstaengl diese Frage besser als Constanze hätten beantworten können, bedeutet es wohl, dass auch Letzterer an den „Bildern in der Biographie" wesentlich beteiligt gewesen war. Eine Auflösung dieses Widerspruchs gibt folgende Überlegung: Cornelius und seine Schüler fertigten heute verlorene Bleistift- bzw. Tuschzeichnngen, die den Lithografien zugrunde lagen. An solchen Zeichnungen könnte Cornelius selbst „Hand angelegt" haben. So mag auch eine Bemerkung vom 22. Dezember 1828 zu verstehen sein: Die Illustrationen, demnach die Handzeichnungen, seien „von den besten Künstlern in München unter der Direcktion des genialen Ritter von Cornelius gemacht worden".[14] Vermutlich hatte vor der Mitwirkung von Cornelius ein anderer Künstler Constanze Nissen zur Seite gestanden[15]. Vor diesem Hintergrund erscheint es zudem möglich, dass Lacroix und Hanfstaengl für die Herstellung der Lithografien schon zur Verfügung standen, noch bevor die Beratung und die Mitarbeit von Cornelius im Spiel gewesen waren.

Durchführung

Eine zentrale Rolle spielen zwei im Buch nebeneinander angeordnete Einzelbildnisse, die das Ehepaar Mozart zum Zeitpunkt ihrer Trauung im Jahr 1782 zeigen (➤ Kat. 34). Wolfgang blickt hier nahezu in die gleiche Richtung wie seine Frau. Doch: Befremdlich ist bei diesen Lithografien, warum die auf zwei Seiten präsentierten Ehepartner in dieselbe Richtung blicken, also nicht gegenübergestellt sind, wie bei Pendants von Ehepartnern üblich.[16] Dem Porträt des Komponisten lag zuvor allerdings eine Profilansicht nach rechts zugrunde, so dass sich die Ehepartner hätten „anblicken" können. Diese verworfene Erstfassung kam eher zufällig zum Vorschein, als das Dommuseum Salzburg 2006 in einer Ausstellung über Mozarts

Abb. 17: Fotografie des früheren Ehegatten-Porträts für Nissens „Biographie W. A. Mozart's", Kat. 37

Kirchenmusik ein Buchexemplar der Biografie Nissens aus dem Archiv der Erzdiözese Salzburg ausstellte, in der diese frühere Profilansicht nach rechts neben der nicht ausgetauschten Lithografie von Constanze nach links zu sehen war (➤ Kat. 36).[17] Dieses Bildnis Wolfgangs war nicht völlig unbekannt. Es ist (bis auf den Schriftzug) mit jener Porträtlithografie identisch, die Edward Speyer 1919 im Städtischen Museum Salzburg[18] entdeckt und bereits damals aus stilistischen Gründen dem Bereich der Biografie Nissens zugeordnet hatte.[19] Letzte Zweifel, ob das hier eingebundene Porträt wirklich als erste Fassung eines Mozart-Porträts in der Biografie bestimmt gewesen war, lösten sich kürzlich auf, als der Verfasser im Juni 2012 eine zusammenhängende lithografierte Tafel mit beiden Eheporträts in dieser Anordnung ausmachte, wodurch deren Zusammengehörigkeit bestätigt werden konnte (➤ Kat. 35). Die feine Profilansicht Mozarts zeigt ein nicht sehr jugendliches, relativ verbrauchtes Gesicht. Am wenigsten idealisiert unter den bei Constanze befindlichen Bildnissen erscheint das Meerschaumrelief von Leonhard Posch (➤ Kat. 23), das große Übereinstimmungen aufweist, allerdings imitiert die Grafik die reliefartige Darstellung nicht. Auf die Nähe beider Darstellungen hat Richard Bauer als Erster hingewiesen.[20] Zu ergänzen ist, dass es auch ein sehr ähnliches, aber späteres Bildnis des Münchner Lithografen Johann Baptist Dilger (1814–1847) von 1844 gibt.

Reprise

Die endgültige Bildauswahl wurde erst getroffen, nachdem die Lithografie-Tafeln Ende September 1828 die Druckerei Lacroix bereits in zwei Kisten verlassen hatten, wie Morgenstern nachweisen konnte. Damals muss sich Constanze entschlossen haben, die „Silhouette" Mozarts gegen „Mozarts ¾-profil zu seiner Frau"[21] auszutauschen. Am 24. Oktober schreibt Constanze an Lacroix „wegen den Litographischen Bilder welche noch abgehen".[22] Kurz danach war die Ersatzlithografie eines „Portraits meines Wolfgangs"[23] fertig, die Biografie konnte endlich gebunden und im März 1829 ausgeliefert werden. Die ausgetauschten unsignierten Lithografien der früheren Version nach rechts verschwanden in der Versenkung, vermutlich wurden die meisten der zurückgegebenen Blätter[24] vernichtet. Das neue Mozart-Porträt stellt eine Reproduktion nach dem unvollendeten Ölporträt von Joseph Lange dar (➤ Kat. 27), das Constanze besonders geschätzt und wie ihren Augapfel gehütet hat:

> „aber das herrliche Bildnis von Mozart hält sie in einem Kasten verschlossen und

> weigert sich vernünftigerweise, es vollenden zu lassen, damit der lebendige Ausdruck nicht durch eine Ungeschicklichkeit verloren gehe. Es stammt von Herrn Lange, dem Mann ihrer Schwester."

So referieren es 1829 die Besucher Mary und Vincent Novello.[25] Das Gemälde wurde von dem Maler Joseph Lange ausgeführt, einem gefeierten Schauspieler, der Besuchern im August 1788 eine ganze „Sammlung eigener Bilder" zeigen konnte.[26] Doch Lange hatte, wie Carl Thomas Mozart mitteilt, die Arbeit am Ölbild von Mozart schon nach zwei Sitzungen abgebrochen.

> „Sehr große Ähnlichkeit bietet sodann die in Nissen's Biographie erhaltene Litographie dar, welche nach dem Ölgemälde verfertigt ist, das nach der 2ten Sitzung leider unterbrochen wurde, und ungeendigt verblieb."
>
> (Bauer/Deusch 4, Nr. 1474)

Wann dies war, konnte bisher nicht eindeutig ermittelt werden, die Daten 1782/83 bzw. 1791 standen zunächst im Raum. Heute wird eine Datierung um 1789 für am wahrscheinlichsten angenommen, allerdings fehlt ein eindeutiger Beleg aus der Zeit.

Coda

Als ob der Austausch der beiden Mozart-Porträts nicht schon genug Verwirrung stiften würde, gibt ein Fotoabzug der früheren Version des Ehegattenporträts ein weiteres Rätsel auf. Es findet sich als Salzabzug in einem seltenen Büchlein „Erinnerungsblätter" bei Glonner in Salzburg, erschienen zum Mozartfest 1856.[27] Die drei hier eingeklebten Reproduktionen stammen von Franz Segl (ca. 1814–1880), dem ersten Berufsfotografen in Salzburg. Doch das kleine Bild als Frontispiz des Büchleins (➤ Kat. 37), übrigens die erste Fotografie eines gesicherten Mozart-Porträts überhaupt, hat eine Bildunterschrift erhalten, die nicht zu ihm passt. Sie lautet: „Nach einem von Lange 1789 gemalten Porträt, welches sich im Besitz des Sohnes Carl Mozart in Mailand befindet." 1856 war das erwähnte Ölfragment Langes zwar tatsächlich noch bei Carl Thomas Mozart, doch dieses Bildnis (➤ Kat. 27) wird im Buch gar nicht gezeigt. Die Legende bezieht sich also auf die eigentlich zu erwartende spätere Fassung, wie sie in fast allen Buchausgaben enthalten ist (➤ Kat. 34). Offenbar wurde als Vorlage ausgerechnet jenes rare Buch-Exemplar verwendet, das sich heute im Archiv der Erzdiözese Salzburg befindet und „fälschlich" das frühere Ehegattenporträt zeigt (➤ Kat. 36).
Höchst bemerkenswert ist dabei das singulär mitgeteilte Datum „1789", also jenes Jahr, das wir heute im Anschluss an Joseph Heinz Eibl als Entstehungsjahr für das Fragment von Lange annehmen müssen.[28] Da die Jahreszahl 1789 sonst nirgends Eingang in die Literatur des 19. Jahrhunderts gefunden hat, kann sie nur auf anderem Weg, vermutlich mündlich, überliefert worden sein, denn Carl Thomas Mozart besuchte Salzburg zur Säkularfeier 1856 und ließ sich damals selbst von Segl fotografieren.
Immer wieder ist als Vorlage ein „Zwischenglied" Langes bemüht worden, das der Lithografie des jung anmutenden Mozarts zugrunde gelegen haben soll, ein mutmaßliches kleines Bildnis von 1782 oder 1783, dessen Existenz brieflich belegt ist (Bauer/Deutsch 3, Nr. 736). Aber dies kommt hier nicht infrage. Denn die Verwechslung bei Glonner offenbart, dass das Bildarrangement des „jüngeren" Mozart als Bräutigam von 1782 nach einem Bild des herkömmlichen, „älteren" Mozart von (wie es heißt) 1789 geschaffen worden sein muss. Stets wird nur dieses Fragment als Vorlage für die Lithografie beschrieben, wie Constanze etwa dem Ehepaar Novello erklärt.[29] Den Künstlern,

möglicherweise Cornelius und seinen Schülern, war das Meisterstück gelungen, aus einem introvertierten, den Kopf nach unten gerichteten Musiker (➤ Kat. 27) einen aufrecht blickenden und zudem jünger wirkenden Bräutigam Mozart zur Zeit der Eheschließung (➤ Kat. 34) zu gestalten. Die raffinierte Darstellungsweise wird einer der Gründe dafür gewesen sein, warum Constanze die Gestaltung der Lithografien als so gelungen pries, etwa gegenüber ihrer Freundin Marie Céleste Spontini am 10. Oktober 1828.

> „Gewiß werden Sie sich mit mir freuen, dass diese Gemälde alle so sehr gelungen, und wahre Pracht und Kunstwerke sind, welche ich meinem Freunde und Verehrer, Ritter von Cornelius, Direktor der bildenden Künste in München zu verdanken habe, unter dessen Leitung ich so glücklich war, sie so vollendet zu bekommen."
>
> (Bauer/Deutsch 4, Nr. 1429)

Peter von Cornelius muss entscheidend an der Realisierung der Grafiken mitgewirkt haben, ohne dass zu klären ist, wie groß sein künstlerischer Anteil war. Für eine mögliche Beteiligung von weiteren Künstlern, etwa auch eines zweiten Lithografen, gibt es keine Hinweise.

Der späte Austausch des Ehegattenporträts war essenziell, indem ein naturalistisches Porträt durch ein idealisiertes Bildnis ersetzt wurde, das „dem Publikum noch besser gefallen wird"[30]. Mit der bildlichen Idealisierung Mozarts nahm Constanze sogar die verspätete Drucklegung der Biografie in Kauf. Als Resümee kann gesagt werden, dass die Vorlagen von Hanfstaengl nach Handzeichnungen des Cornelius-Umkreises fixiert und die erste Fassung des „Ehegattenporträts" bestätigt werden kann, außerdem kann die Datierung des Fragments von Lange durch neue Belege sicher auf 1789 bestimmt werden. Es ist, um am Schluss die Verwirrung komplett zu machen, aber nicht restlos ausgeschlossen, dass die Erstfassung des Ehegattenporträts nicht das Halbrelief von Posch, sondern die verlorene, bei Mozarts Schwester befindliche Miniatur von 1782/83 wiedergibt. Aber das ist ein anderes Thema ...

■ The Mozart-biography by Georg Nikolaus Nissen, commissioned by the widow Constanze and published after Nissen's death, contains copper engravings and integrated lithographic leaves. These lithographs were completed in 1828 at the printshop of Joseph Lacroix in Munich. Although the artist of the seven leaves is nowhere named, it is assumed that the lithographs were executed by the art teacher Franz Seraph Hanfstaengl, while the preparatory drawings were done by Peter von Cornelius and his school. That is to say, they are the work of Munich artists. An eighth leaf can now be positively identified as the first version of a Mozart-portrait, which was later substituted in this series. A reproduction of this leaf, incidentally the oldest photograph of a Mozart-portrait, illustrated a book from 1856. The caption beneath this photograph was apparently incorrect, which throws a new light on the unfinished Mozart-portrait by Joseph Lange.

Artarias Ausgabe der *Preußischen Quartette* von 1791

Der Gedanke, musikalische Editionen durch die Beifügung eines Porträts des Komponisten zu schmücken und attraktiver zu machen, entstand bereits im 16. Jahrhundert. Die Darstellungsweise passte sich dabei stets dem Zeitgeschmack an und orientierte sich deutlich an den Dichterporträts in literarischen Werken.
Die wohl früheste mit einem Komponistenporträt versehene Mozartausgabe ist die Edition der *Tre Quartetti*, die Mozarts Wiener Verlag Artaria kurz nach dem Tod des Komponisten veröffentlichte (bekannt als *Preußische Quartette*, KV 575, 589, 590).[1]
Nur in zwei der etwa einem guten Dutzend erhaltenen Exemplare der ersten Ausgabe ist ein vielfach reproduzierter und nachgeahmter Stich von Joseph (Johann) Georg Mansfeld[2] beigefügt (➤ Kat. 15). Er ist bereits auf das Jahr 1789 datiert und geht auf das in mehreren Versionen existierende Porträt-Relief von Leonhard Posch zurück (➤ Kat. 21).[3] Offensichtlich hat das bedeutende Wiener Verlagshaus Artaria (das auf Stiche und Musikalien spezialisiert war) dieses Porträt zunächst separat vertrieben. Der unerwartete Tod Mozarts schuf nun aber eine außerordentliche Nachfrage, nicht nur nach Musikalien des Meisters, sondern auch nach dessen Bildnis. Am 28. Dezember, gut drei Wochen nach Mozarts Tod, schaltete Artaria eine Werbeanzeige für diese Ausgabe.[4] Darin wies der Verlag eigens darauf hin, dass die Quartette „aus der Feder dieses so grossen musikalischen Genies nicht lang vor seinem Tode geflossen sind". Nicht zuletzt wegen ihres außerordentlichen künstlerischen Wertes habe man „für die äußerliche Zierde Sorge getragen". Die Beifügung eines Porträts wird nicht eigens erwähnt und anscheinend arbeitete der Verlag auch unter solchem Zeitdruck, dass nur einem Teil der Auflage das bereits zwei Jahre zuvor entstandene Porträt Mozarts beigefügt werden konnte. Möglicherweise blieb das Porträt aber auch nur einer kleinen Sonderauflage vorbehalten. So könnte zu erklären sein, dass keine der späteren Ausgaben des Hauses Artaria das Mozart-Porträt enthält.
Mozart selbst hatte sich gezwungen gesehen, die Werke „um ein Spottgeld herzugeben", wie er seinem Freund Michael Puchberg im Juni 1790 schrieb (Bauer/Deutsch 4, Nr. 1130). Artaria beeilte sich aber erst nach dem Tod Mozarts, die Quartette auf den Markt zu bringen.
Als Attribute sind dem Porträt nicht nur die Tastatur eines Cembalos und Musikinstrumente (dabei eine stilisierte Leier als Hinweis auf Apollo, den antiken Gott der Musik) beigegeben, sondern auch ein Blatt mit deutlich erkennbaren Noten und der Überschrift „An Chloe". Dies bringt den Stich in engste Verbindung mit einer Ausgabe, die 1789 bei Artaria unter dem Titel *Zwey Deutsche Arien zum Singen beym Clavier* erschienen war. Dieses Heftchen enthält Mozarts Lieder *Abendempfindung an Laura* (KV 523) und an zweiter Stelle *An Chloe* (KV 524). Auf dem dargestellten Notenblatt sind die ersten Takte (Takt 6–18) der Gesangsstimme dieses Liedes – ohne die Klavierbegleitung – wiedergegeben. Während der Druck im Querformat erschien, wurden die Noten im Stich als gerolltes Notenblatt im Hochformat dargestellt, um

Abb. 18: Kat. 15, Detail (Anfang von KV 524)

sich besser in die Gesamtkomposition einzufügen. Bei einigen Notationsdetails ist die Wiedergabe nicht ganz genau, insbesondere ist die Akkoladenklammer nicht korrekt, die einen Klaviersatz suggeriert. Tatsächlich aber ist die Singstimme (unter Auslassung der Pausen am Beginn und ohne die Klavierbegleitung) fortlaufend notiert. Dennoch ist die Detailtreue beeindruckend, mit der die mit bloßem Auge kaum erkennbaren Noten hier genau wiedergegeben wurden (➤ Abb. 18).

Mit diesem direkten Bezug zur Ausgabe der zwei Mozartlieder war das Porträt eine schöne Ergänzung zum Notendruck, sicher wurde das Porträt aber auch separat verkauft.
Recht gut belegen lässt sich die mehrfache Verwendung eines solchen Porträts übrigens für die Nachahmung des Mansfeld-Stiches durch Clemens Kohl. Für die anonym erschienene Biografie *Mozarts Leben* (Graz 1794) stach Kohl ein Titel-Frontispiz, das eindeutig nach der Mansfeld'schen Vorlage angefertigt wurde (➤ Kat. 16). Bei diesem Heftchen handelt es sich um einen Nachdruck des Mozartartikels in Friedrich Schlichtegrolls „Nekrolog auf das Jahr 1791". Constanze Mozart war mit dieser Biografie nicht einverstanden und kaufte daher nach dem Erscheinen alle 600 verfügbaren Exemplare des Grazer Drucks auf, um sie zu vernichten, wie sie Breitkopf & Härtel am 13. August 1799 mitteilte (Bauer/Deutsch 4, Nr. 1253). Die Druckplatte des Porträts erwarb sie ebenfalls und verkaufte diese dann an den Leipziger Verlag Breitkopf & Härtel, der das Porträt 1799 in sein Sortiment aufnahm und als „wohlgetroffenes Portrait" einzeln vertrieb.[5] Nochmals verwendete der Verlag die Platte einige Jahre später, und zwar als Titelvignette

zum 8. Jahrgang der „Allgemeinen Musikalischen Zeitung“ (Leipzig 1805–1806, ➤ Kat. 17). Sollte das Blatt Mansfelds tatsächlich bereits 1789 entstanden sein (und die Datierung scheint daran auch keinen Zweifel zu erlauben), so gibt das Horaz-Zitat unter der Tastatur des Cembalos doch zu denken:

> „Dignum laude virum Musa vetat mori“

Auf Deutsch:

> „Einen des Lobes würdigen Mann lässt die Muse nicht sterben“
> (aus der 8. Ode des 4. Buches der Oden des Horaz)

Dieser auf die Unsterblichkeit des Künstlers verweisende Ausspruch passt kaum zu einem jungen Komponisten von Anfang 30. Könnte dies ein Indiz dafür sein, dass sich die Jahreszahl „1789“ nur auf das Entstehungsjahr des Posch-Medaillons als Vorlage für den Stich bezieht? Oder ist es ein weiteres geheimnisvolles Zeichen, das den unerwarteten Tod des jungen Komponisten vorwegnimmt?
Die nicht gut gelungene Einpassung des Horaz-Zitates (die Abstände zwischen den letzten drei Worten sind viel zu eng) deutet darauf hin, dass der Text erst nachträglich hinzugefügt oder verändert wurde. Sicher belegen lässt sich dies freilich nicht und die Existenz eines Exemplars, das keinerlei Textelemente enthält, hilft hier leider auch nicht weiter (➤ Kat. 14). Denn es ist kaum anzunehmen, dass die Druckplatte zwei Jahre liegen blieb und erst dann fertiggestellt wurde. Sicher ist es kein Zufall, dass uns das Zitat auch noch in anderen Zusammenhängen im Umkreis Mozarts begegnet. So wurde das Requiem des Salzburger Kollegen und Freundes Michael Haydn einige Jahre nach dessen Tod mit eben diesem Motto auf dem Titelblatt gedruckt – es war wie Mozarts Requiem

Abb. 19: Kat. 50, Detail

unvollendet geblieben. Auch in einem eher makabren Zusammenhang begegnet das Zitat. Der frühere Besitzer, der Wiener Anatom Joseph Hyrtl, brachte auf dem angeblichen Schädel Mozarts verschiedene Beschriftungen an. Darunter befanden sich auch die heute nicht mehr lesbaren Worte „Musa vetat mori!“ („Die Muse lässt ihn nicht sterben!“).[6] In diesen beiden Fällen hat das Horaz-Zitat also einen eindeutigen Bezug zum Tod des Künstlers und verweist auf die Unvergänglichkeit seiner Werke.

Così fan tutte bei Breitkopf & Härtel (1794)

Ganz im Sinne des Horaz-Zitates wurde Mozart nach seinem Tod rasch durch zahlreiche Veröffentlichungen in den Rang eines göttlichen Heroen erhoben, dessen Name nicht untergehen werde, „so lange noch Ein Tempel der Muse der Tonkunst stehen wird“ (Friedrich Schlichtegroll). Dieses Motiv der

Abb. 20: L. Posch, Wachsmedaillon (verschollen, ehemals Besitz ISM)

Verehrung eines von den Göttern geliebten Künstlers wird denn auch für eine Reihe früher Mozart-Porträts bestimmend. Dem musikalischen Denkmal, das sich der Komponist in seinen Werken selbst gesetzt hat, tritt in der Notenausgabe das bildliche Denkmal an die Seite.
In ein mythologisierendes Ensemble verwandelte in diesem Sinne Johann Adolf Rossmäßler das bereits von Mansfeld adaptierte Profilbild Poschs (➤ Kat. 21).[7] Auf dem Frontispiz zu Breitkopf & Härtels Ausgabe der *Così fan tutte* (Leipzig 1794) ist Mozart bereits auf einen Denkmalsockel erhoben (➤ Kat. 24). Ein Knabe, der den Lorbeerkranz über Mozarts Haupt hält, hat in seiner anderen Hand zugleich eine geflügelte Sanduhr, welche auf das allzu rasche Dahineilen der Zeit und damit auf den vorzeitigen Tod des Komponisten verweist. Daneben steht, mit der Linken die Trompete des Ruhmes haltend und zugleich auf den Komponisten weisend, ein Genius, der mit seiner rechten Hand der Muse Kalliope die Feder führt. Als Muse des epischen Gedichtes hat sie den Ruhm des Komponisten im Wort der Nachwelt zu überliefern, während die drei Knaben in der Bildmitte spielerisch mit geöffneten Notenbüchern die Musik selbst sprechen lassen. Der Knabe zur Linken hat vor sich die Partitur der Oper *Così fan tutte*, der mittlere blättert in der *Zauberflöte* (hier mit dem italienischen Titel Il Flauto Magico). Neben der Erstausgabe von *Così fan tutte* erschienen bei Breitkopf & Härtel im gleichen Jahr (1794) auch zwei Ausgaben der *Zauberflöte*, eine mit deutschem und eine mit italienischem Text. Der Knabe auf der rechten Seite hat neben sich ein weiteres Buch, dessen Inhalt jedoch nicht identifizierbar ist. Der Verlag war sich wohl über die Fortsetzung seiner Publikationsreihe der Opern Mozarts noch nicht sicher – im folgenden Jahr erschien dann *La clemenza di Tito*, später wurde die Reihe mit *Don Giovanni* und *Figaro* fortgesetzt.

Der erste Band der bei Breitkopf & Härtel erschienenen *Oeuvres completes* (1798)

1798 begann der Leipziger Verlag Breitkopf & Härtel den Versuch einer Gesamtausgabe, „um dem grossen W. A. Mozart, diesem in seiner Art einzigen Phänomen in der musikalischen Welt, ein seiner würdiges Denkmal zu stiften". Den Beginn machte ein Band mit Klavierwerken Mozarts, der – so die Verlagsankündigung – „mit Mozarts sauber gestochenem Bildnisse verziert wurde".[8]
Der Denkmal-Gedanke wird in dieser Titelvignette zum ersten Band wieder aufgenommen, jedoch mit deutlich anderem Akzent als bei dem zum Pompösen tendierenden Monument der *Così fan tutte*-Ausgabe des Jahres 1794. Der Stecher Amadeus Wenzel Böhm benutzte für das Porträt-Medaillon eine Vorlage Veit Schnorr von Carolsfelds aus dem Jahr 1793 (➤ Kat. 49). Er fügte das Porträt Mozarts in

ein antikisierendes Denkmal ein, das von Pflanzen überwuchert wird und schon zur Ruine geworden zu sein scheint. Die trauernde, ein Kleinkind in ihrem Arm haltende Frauengestalt gibt dem Bild dabei eine emotionale und romantisierende Note, die den Verlust stärker thematisiert als die Verherrlichung.
Böhm verweist zwar ausdrücklich auf eine Vorlage Schnorrs („Schnorr del[ineavit]"), doch weicht die Darstellung deutlich von jener Schnorrs ab. Diese Darstellungsweise geht auf eine Vorlage Poschs zurück, jedoch auf eine heute deutlich weniger verbreitete Variante. Es handelt sich dabei um die erste Version, die Posch 1788 anfertigte und die – wie auch die beiden anderen Versionen – in Abformungen aus Wachs, Gips oder Metall verbreitet wurde (➤ Kat. 18–20). Mozart ist mit unbekleidetem Oberkörper und offenem Haar dargestellt. Er tritt uns hier als Apoll, als göttlicher Musiker entgegen. Mit den großen Augen und der gekrümmten Nase ist Mozart bei Böhm der ursprünglichen Version Poschs deutlich näher als in der stark nach klassizistischem Muster geglätteten Version Schnorr von Carolsfelds. Entweder benutzte Böhm demzufolge eine heute unbekannte andere Vorlage Schnorrs oder er wandelte die Darstellung in Kenntnis der Originalversion Poschs eigenständig ab.
„Mit dem Porträt meines Mannes, das Sie dem ersten Heft vorgesezt haben, bin ich nicht ganz zufrieden." Mit diesen nüchternen Worten vom 5. Dezember 1798 (Bauer/Deutsch 4, Nr. 1231) kommentierte Mozarts Witwe diese Darstellung. Warum? Auf das Porträt kann sich ihr Missfallen kaum bezogen haben, ist das Relief von Mozarts Jugendfreund Posch doch eines der relativ wenigen Bildnisse Mozarts, die höchstwahrscheinlich tatsächlich nach dem Leben angefertigt wurden. Sie selbst besaß zwei Versionen des Posch-Medaillons, die sie kurze Zeit später dem Verlag als Vorlagen für weitere Porträt-Stiche anbot.
Vielleicht war es die trauernde Frauengestalt mit dem nackten Säugling auf dem Arm, die Constanze allzu direkt an ihre eigene Situation nach dem Tod ihres Mannes erinnerte und die sie wohl für zu persönlich hielt. So verstanden, würde die Darstellung nämlich zu einem hochemotionalen „Familien-Denkmal" und sicher war es nicht im Sinn der Witwe, in solcher Weise der Öffentlichkeit präsentiert zu werden.

■ In December of 1791, a few weeks after Mozart's death, the publisher Artaria in Vienna issued an edition of the Prussian Quartets containing a portrait of Mozart by Joseph Georg Mansfeld. This portrait, which originated in 1789, emphasizes an accompanying quote by Horace that celebrates the immortality of the artist. Other musical editions published in the years after Mozart's death also expressed the rapidly growing renown of the composer who died too young. While the composer created a memorial to himself through his music, these musical editions became a parallel form of visual memorial. The manner of portrayal among these varies. The composer is sometimes glorified like an ancient hero on a magnificent monument, as in an image found in the piano score of *Così fan tutte* (Leipzig 1794). Or, he appears as he does in the first volume of the complete edition from 1798, published in Leipzig: commemorated on a deteriorating monument, at the base of which a mourning woman symbolizes the loss of a great one who died before his time.

„Das ist ja unser lieber Mozart!“ oder: Rätsel um „Tischbein“

Christoph Großpietsch

Als der Frankfurter Musikalienhändler, Verleger und Klavierbauer Carl August André im Jahr 1849 in seiner Nachbarstadt Mainz ein unbekanntes Mozart-Porträt aufspürte[1], feierte man gerade den 100. Geburtstag des in der Mainstadt gebürtigen Johann Wolfgang von Goethe. Der vielfach porträtierte Dichterfürst wurde bekanntlich am prominentesten durch Johann Heinrich Wilhelm Tischbein (1751–1829) „in der Campagna“ gemalt, ein Bildnis, das heute im Städel gezeigt wird. Damals, im August 1849, befand es sich noch in Privatbesitz, war aber im Festsaal bei einer Goethefeier dabei, denn „in einer Nische prangte das berühmte Tischbein'sche Gemälde, welches, den jugendlichen Göthe darstellend, von seinem Eigenthümer, Hrn. v. Rothschild bereitwillig hergeliehen war.“[2] Nicht ganz von ungefähr nannte man den späteren Eutiner Hofmaler aus der weitverzweigten hessischen Malerfamilie den „Goethe-Tischbein“.
Es wurde immer schon als Mangel empfunden, dass von Mozart kein Bildnis bekannt ist, das von einem ähnlich prominenten Maler ausgeführt wurde. Denn kein einziges Porträt „rührt von einem Künstler her, dessen Name in einem wenn auch geringen Verhältnisse zu Mozart's Ruhm stände“.[3] Man könnte in diese Klage einstimmen: Wie anders bei Beethoven, der von Waldmüller porträtiert wurde, oder bei Johann Christian Bach, dem Gainsborough gleich mehrere Bildnisse widmete.
Carl August André aus Frankfurt war es vorbehalten, im Sommer 1849 ein Mozart-Bildnis von Tischbein zu entdecken. Der Musikalienhändler war einer der Söhne des Offenbacher Verlegers Johann Anton André, der der Witwe Mozarts um den Jahreswechsel 1799 auf 1800 den musikalischen Nachlass abgekauft hatte, um Notenausgaben in der damals fortschrittlichsten Technik, dem Steindruck, zu veröffentlichen. Carl August, der die Mozart-Verehrung seines Vaters teilte, hatte 1835 die Frankfurter Filiale des Offenbacher Unternehmens übernommen. Wie sehr er für Mozart schwärmte, ist nicht nur am Einsatz für das Gemälde zu erkennen. So nennt André das Firmenhaus auf der Frankfurter Zeil „Haus Mozart“ und öffnet es im Juni 1845 für Konzerte. Seinen in der eigenen Klavierbauwerkstatt entwickelten Flügel mit kleinem Mozart-Porträt nennt er „Mozart-Flügel“. Im „Haus Mozart“ stellte André am 21. Oktober 1849 das entdeckte Komponistenporträt erstmals der Öffentlichkeit vor.

Nach dem, was rekonstruierbar ist, muss es sich bei diesem Porträt um ein weder signiertes noch datiertes ovales Brustbild mit den Maßen 68 x 53 cm gehandelt haben, das dann vom Darmstädter Maler Friedrich Nebel retuschiert bzw. ausgebessert werden musste.[4]
Es wird an anderer Stelle berichtet, der Porträtierte auf dem Brustbild trage ein Kostüm „a la française“, einen weiten, grünen Rock, eine – angeblich – gelbe Weste und eine weiß gepuderte Perücke.[5] 1852 wird der realistische Ausdruck des Porträtierten von einem Besucher bei André hervorgehoben.[6]
Laut André sei das Brustbild, auf das ihn schon 1848 der badische Hofmusiker Haunz aufmerksam gemacht habe, eine Auftragsarbeit für den letzten Mainzer Kurfürsten, Erzbischof Friedrich Karl Joseph von Erthal (1719–1802). Eher zufällig sei es in den Besitz des ehemaligen Hofgeigers Karl-Emmanuel Stutzl aus Mainz gekommen, bei dem es der Kurfürst während

der Mainzer Revolutionswirren von 1792, unmittelbar vor seiner Flucht aus der Stadt, habe zurücklassen müssen. André will das Ölgemälde 1849 aus dem Nachlass Stutzls erworben haben. Er präsentiert es als „von der Meisterhand Tischbein's" geschaffen, also auch von einem sehr berühmten Künstler dieser Familie.[7] So bringen Journalisten den berühmten „Kasseler Tischbein" ins Spiel. Als Zeitpunkt der Entstehung wird zunächst Mozarts Mannheimer Aufenthalt zwischen November 1777 und Mitte März 1778 angenommen.

Schon unmittelbar nach der ersten Präsentation am 21. Oktober 1849 regt sich Widerspruch. Dem neuen Eigentümer wird dabei aber nicht nur vorgehalten, dass der Typus seines Mozart-Bildes irritiere, auch dessen Herkunft wird infrage gestellt.[8] Johann Anton Andrés langjähriger Mitarbeiter Heinrich Henkel, der bei der festlichen Präsentation als Pianist und Komponist zugegen war, kann sich auch mit der Vorliebe des Geschäftsmanns nicht anfreunden, firmeneigene Produkte mit dem Namen Mozarts zu veredeln.[9]

Die Hintergründe der Entstehung des Bildes bleiben allerdings ungeklärt. Die Beauftragung eines prominenten Malers durch den Kurfürsten von Mainz für 1777/78 ist unwahrscheinlich, weil dieser in der Regel nicht selbst in den kurpfälzischen Raum zu reisen hatte. Dass umgekehrt Mozart von Mannheim aus „Ausflüge in die Umgegend nach Mainz" gemacht und dabei dem Kurfürsten begegnet sein könnte, bleibt eine vage Spekulation. Was würde überhaupt dafür sprechen, dass sich ein regierender Erzbischof damals ein Mozart-Porträt wünschte? Ein Grund dafür könnte allenfalls sein, dass Erthal schon als Kurmainzer Gesandter am Wiener Kaiserhof während der Jahre 1769 bis 1774 den jungen Mozart und seine Musik näher kennen- und schätzen gelernt hätte. Aber Letzterer hatte Wien nach Neujahr 1769 verlassen und hielt sich dann nur einige Wochen im Sommer 1773 in der Stadt auf. Gegen das Bild als authentisches Mozart-Porträt spricht schließlich das eindeutige Urteil des älteren Mozartsohnes Carl Thomas (1788–1858). Dieser sieht „keine Spur von Ähnlichkeit" in dem Porträt. Weil es den Porträtierten ganz anders zeige, als er seinen Vater gekannt habe, vermutet Mozart gar einen „Irrtum".[10]

Schon kurz nach der wohl nur mäßig erfolgreichen Präsentation zieht André als Gewährsmann für die Echtheit einen ehemaligen Mainzer Hofflötisten heran, den Theologen und Gymnasiallehrer Hilarius Franz Xaver Christoph Arentz (1766–1851).[11] Erst ein Jahr darauf, dem Todesjahr von Arentz, wird ein weiterer Zeuge um ein Attest gebeten: der ehemalige Mannheimer Hoforganist Franz Wilhelm Schulz, der den Mannheim-Bezug herausstellen wird. Die durch diese damals 84 bzw. 80 Jahre alten Herren beurkundeten Zeugenaussagen sind fortan die wesentlichen Dokumente, die von André immer wieder herangezogen werden, um die Echtheit seines Bildes zu konstatieren. Arentz bestätigt am 24. Juni 1850 vor dem Mainzer Notar Dr. Gustav Adolf Klauprecht die Echtheit des Originalbildes, Schulz am 16. März 1851 vor einer Kommission um den evangelischen Stadtpfarrer Dr. W. Schwarz die Echtheit der Kopie zur Vorlage, denn ihm wurde nur eine Kopie von Nebel gezeigt.[12] Es wird berichtet, dass Schulz bei der Aussage sentimental geworden sei, bestürzt über die Ähnlichkeit des Porträts zu Mozarts Aussehen.[13] Ja beide, Arentz wie ein Jahr später Schulz, hätten angeblich „mit thränenden Augen" ausgerufen: „‚Ach! das ist ja unser lieber Mozart', worauf Schulze [!] noch hinzusetzt: ganz so, wie er vor dem Kurfürsten gespielt, nur war am Ende die Perücke nicht so ordentlich, wie auf dem Bilde, sondern hatte sich verschoben."[14] Keiner der Zeugen erwähnt nähere Einzelheiten zum Datum der Begegnung, zum Anlass des Auftrags, zu den Biografien von Hauntz oder von Stutzl. Konkrete Hinweise, auf welche Weise Arentz oder Schulz Mozart mehr als flüchtig hätten begegnet

Abb. 21: Portrait der Sammlung Krehbiel

sein können, gibt es nicht. Eine Stellungnahme des eigentlichen „Entdeckers“ Haunz wird nirgends in den Akten erwähnt.

Wenn sich André auch auf den schlichten Künstlernamen „Tischbein“ zurückzieht, wird als Maler vor allem der neben dem „Goethe-Tischbein“ bedeutendste Vertreter der Familie genannt, der „Kasseler Tischbein“ Johann Heinrich Tischbein d. Ä. (1722–1789), dessen Autorschaft das Bildnis auf die prominenteste Position unter allen Mozart-Porträts rücken würde. Dieser ist aus mehreren Gründen allerdings ein höchst unwahrscheinlicher Kandidat für ein Mainzer Gemälde um 1777. So bringen Apologeten den „Leipziger Tischbein“, Johann Friedrich August Tischbein (1750–1812), ins Spiel, der im nahen Heidelberg wirkte. Mozart besuchte Mainz als Erwachsener aber nur ein einziges Mal, nämlich gegen Ende Oktober 1790 während eines Ausflugs von Frankfurt aus. So wird der Mozart-Biograf Otto Jahn, der das neue Bildnis so sehr befürwortet, dass er es dem dritten Teil seiner Mozart-Biografie voranstellt,[15] zum Urheber einer neuen Datierung. Das Bild sei gar nicht um 1777, sondern erst 13 Jahre später, eben im Oktober 1790 in Mainz vom Maler Tischbein gemalt worden.[16] Trifft „1790“ zu, ist es ausgeschlossen, dass das angebliche Mozart-Gemälde vom „Kasseler Tischbein“ stammen kann, weil dieser im Jahr 1789 verstorben war. André muss von dieser Problematik gewusst haben, denn 1886 lässt er sich gar nicht mehr zur Datierung aus und verzichtet merkwürdigerweise auch darauf, das ihm zuvor wichtige Mannheimer Gutachten abzudrucken. Wenn ein „Tischbein aus Mainz“[17] gemeint sein soll, kommt nach Emil Vogel[18] auch nicht der „Leipziger Tischbein“, sondern nur der weniger bekannte „Hanauer Tischbein“, Anton Wilhelm Tischbein (1730–1804), als Maler infrage, dessen Beteiligung 50 Jahre lang unerwähnt geblieben wäre. Alle anderen Maler dieses Namens hatten keine Aufträge in Mainz.

Kritische Fragen reißen also trotz neuer Zeugenatteste, Datierungsversuche und Künstlerzuweisungen nicht ab. Am schärfsten wird das angebliche Tischbein-Porträt schließlich vom Salzburger Archivar Johann Evangelist Engl hinterfragt, der über viele Jahre von der Echtheit des Bildes überzeugt gewesen war.

Seine Haltung wandelt sich radikal, als er sich mit einem angeblich authentischen Mozart-Porträt „à la Tischbein“ mit Ausblick auf Salzburg (➤ Abb. 21) konfrontiert sieht, das erst gegen Mitte des 19. Jahrhunderts entstanden ist. Mit dem programmatischen Titel „Das Tischbein-Bild – kein Mozart-Bild“ deckt Engl im Jahr 1900 zahlreiche Widersprüche in der Argumentation auf und beendet die Diskussion über das Bild für lange Zeit.[19]

Der Bildnistyp „Tischbein“ hatte sich dessen ungeachtet schon nach 1850 rasch verbreitet, weil André sofort daranging, Kopien seines Gemäldes zu veranlassen, jeweils mehrere Versionen von Leopold Bode, Friedrich Nebel und (noch 1883) von Anton Haehnisch, auf die hier nicht eingegangen werden kann. Die größte Verbreitung fand der „Mozart-Tischbein" durch Druckgrafiken. Schon Anfang der 1850er-Jahre liegen Arbeiten von Christian Siedentopf und Lazarus Gottlieb Sichling vor. Druckgrafiker wie Hermann Droehmer, Eduard Kretzschmar, Alfred Lemoine, Friedrich Randel, Emil Eugen Sachse und Franz Zastéra verbreiteten den Typus. Später vertrieben die Photographische Gesellschaft Berlin und die Münchner Kunstanstalten Hanfstaengl und F. A. Ackermann Heliogravuren und Ansichtskarten, die (in modernen Reproduktionstechniken) teils bis heute verkauft werden.

Trotz der großen Verbreitung des „Tischbein-Mozart-Typs" ist das entdeckte Gemälde selbst der Öffentlichkeit weitgehend verborgen geblieben. Tatsächlich gibt es keine genaue Beschreibung des Originalgemäldes, die es von den Kopien leicht unterscheidbar machen würde. Ob es überhaupt außerhalb von Offenbach ausgestellt worden ist, ist schwer zu sagen.[20] Archivar Engl bringt das Problem schon 1887 auf den Punkt, indem er bedauert, „das Originalbild haben die Wenigsten, auch wir nicht gesehen".[21]

André schätzte es, auf die Bildkopien Zettel und Widmungstexte zu montieren, auf denen der Hinweis erscheint, die jeweilige Kopie sei nach einem als Mozart-Bild notariell bestätigten Originalbild Tischbeins ausgeführt worden. So soll seine der Stiftung Mozarteum 1856 gesandte, leider stark retuschierte Fotografie eines ovalen Brustbilds (➤ Kat. 47) das Frankfurter Originalgemälde darstellen, was aber leider nicht mehr zu verifizieren ist.[22]

Die meisten der zahlreichen Kopien des Gemäldes zeigen ovale Brustbilder, darunter auch Kopien in Offenbach und in Wien (➤ Kat. 45, 46). Seltener sind hochformatige Darstellungen, die weitere Bildinhalte zufügen. Dazu gehört vor allem das noch im Privatbesitz der Familie befindliche, im Krieg beschädigte Gemälde des Offenbacher Malers Christian Leopold Bode (1831–1906), ein Kniestück, das nach Restaurierung 2009 der Öffentlichkeit vorgestellt werden konnte (➤ Kat. 44).[23] Daneben sind auch erweiterte Bildkompositionen mit neuer Staffage überliefert. Zwei solcher Arbeiten konnten kürzlich mithilfe zweier von Till Reininghaus aufgefundener Archivstücke aus dem Nachlass von Aloys Fuchs identifiziert werden. Das erste Gemälde zeigt eine in einem diffus beleuchteten Innenraum mit dem Schreiben von Noten beschäftigte Figur „à la Tischbein" (➤ Kat. 48). Die Kerze ist ausgeblasen, die Nacht mag vorüber sein. Der Wiener Hofmusiker und Musiksammler Aloys Fuchs (1799–1853), der mit der Familie André in Kontakt stand, berichtet 1852, dass Friedrich Nebel „auch auf Anregung des Andre, nach diesem Original ein lebensgroßes Bild entworfen u[nd] auch bereits vollendet hat: Mozart, mit der Composition der Don Juan Ouverture beschaeftigt – darstellend"[24]. Es scheint, dass genau diese anekdotische Situation wiedergegeben wird.

Noch dazu beschreibt Fuchs ein weiteres Gemälde dieser Art „Tischbein-Inspiration", das an einem ganz anderen Ort überliefert ist. Es zeigt eine stehende Person „à la Tischbein" mit Notenrolle, die links vor einer entfernten Salzburger Stadtansicht steht. Dieses spätestens um 1900 bekannte Gemälde[25] wurde sogar für ein mögliches Tischbein-Original gehalten,[26] wogegen aber schon die Ansicht von Salzburg spricht.[27] Fuchs beschreibt das Porträt 1853 als „eine Copie des T.[ischbein-] Orig.[inals] aber als Kniestück – stehende Figur mit Händen, und der Ansicht von Salzburg im Hintergrunde; ausgeführt von dem Maler Friedrich Nebel"[28]. Das heute in der Sibley Music Library der Universität von Rochester befindliche Gemälde kam über die Familie Catusse um 1900 in den Besitz des Musikschriftstellers Edward Krehbiel (1854–1923). Der Vorbesitzer, der das Porträt nach eigenen Angaben in Deutschland gekauft haben will,[29] habe darin zunächst gar kein Porträt eines Komponisten gesehen.[30]

Als der Salzburger Archivar Johann Evangelist Engl nach dem Tod von Carl August André dessen Nachfahren um eine Beschreibung ihres „Mozart-Tischbeins“ bittet, antwortet dessen Neffe mit der Bildbeschreibung eines Kniestücks[31] mit der charakteristischen Handhaltung an der Hüfte, wie sie auf einer Version von Bode im Privatbesitz der Familie André zu sehen ist (➤ Kat. 44). Man gewinnt den Eindruck, als ob das heute vermisste originale Brustbild schon damals nicht einmal mehr im Familienkreis bekannt gewesen wäre.

Die letzten Kontroversen um das „Tischbein-Mozart-Gemälde“ liegen mehr als hundert Jahre zurück. Carl August Andrés Propaganda für sein Bild war so nachhaltig, dass er nicht nur zum Initiator zahlreicher Kopien und Druckgrafiken des Originalbildes geworden ist, sondern auch zum Initiator von Neuschöpfungen „à la Tischbein“, und dies in einem Maße, wie es zuvor nicht vermutet worden ist. Diese Praxis ist auch an einem anderen Mozart-Motiv ablesbar. André hat 1859 den Maler Leopold Bode dazu angeregt, ein damals gerade entdecktes Mozart-Gemälde von Cignaroli nach einem Ausschnitt von Christian Sichling neu zu gestalten (➤ Kat. 58). Als Folge davon ist ein Gemälde entstanden, das sich vom authentischen Porträt, „Mozart in Verona“ (➤ Kat. 6), weit entfernt hat, weil Bode nur der Kupferstich-Ausschnitt von Sichling bekannt war (➤ Kat. 59).

Über Jahrzehnte muss André an dem heute nicht mehr nachweisbaren Bildnis von „Tischbein“ gehangen haben, sonst hätte er nicht etliche Kopien davon persönlichen Freunden und auch seiner Nichte zur Hochzeit geschenkt (➤ Kat. 46). Selbst wenn André schon 1884 meint, nichts mehr zum Thema Tischbein sagen zu wollen („meine müden Augen mahnen zu schließen“), äußert er sich dazu ein letztes Mal 1886. Warum er aber die von ihm verfasste kleine Schrift „über das 1849 aufgefundene Oel-Portrait Tischbein's“ nicht zur Klarstellung nutzt, bleibt unverständlich. In nicht mehr als zwei kurzen Absätzen beschreibt André die Auffindung des Gemäldes und alle Hintergründe, lässt sogar vieles weg, was früher zur Beweisführung eigens herausgestellt worden war. André hatten, bildlich gesprochen, die vielen kopierten und die frei fantasierten Tischbein-Kopien in einer Weise eingeholt wie den „Zauberlehrling“ die vielen Besen. Der neue Bildnistyp hat sich in das Gedächtnis eingeprägt, dass er nicht wieder auszulöschen ist.

Die seitdem immer wieder gestellte Frage nach dem „Urbild“ vermochte die Flut an Bildkopien nicht zu beantworten. Ich wage daher die Vermutung: Die Problematik um dessen rätselhafte Herkunft wird uns noch lange beschäftigen.

■ A painting believed to date from Mozart's lifetime, by a painter named "Tischbein", was presented to the public for the first time during a concert in October 1849 by the Frankfurt music dealer, Carl August André. This painting, surprising for its time, due to its unusual portrait-type, was often copied for its owner in the following years. Even new pictorial compositions were developed from this portrait-type. Although the "Tischbein-Mozart-painting" became very famous through these copies, and through its reproduction in graphic art and postcards, it remains unknown until this day how, when and where the painting was executed and why it is believed to depict Mozart.

Stephanie Krenner

Kein anderer Komponist wurde so häufig und stilistisch auf so viele unterschiedliche Arten im Film verewigt wie Wolfgang Amadé Mozart. Seine „drehbuchreife" Lebensgeschichte – musikalisches Wunderkind, Reisen durch Europa, seine (vermeintlichen) Affären, seine geniale Schaffenskraft und sein früher Tod – diese Motive boten Regisseuren durch die immer wiederkehrenden Klischees genügend dramatischen Stoff für das Medium Film. Mozart als verklärtes Genie in „La mort de Mozart"[1], als charmanter Frauenliebling in „Reich mir die Hand, mein Leben"[2] und als infantiler Rebell in „Amadeus"[3] – die Darstellung der Person Mozarts im Film ist so umfangreich wie vielschichtig, wovon rund 25 Spielfilme aus knapp hundert Jahren zeugen. Mozarts Leben wurde dabei durch die verschiedenen Generationen der Filmemacher immer wieder neu gedeutet, akzentuiert, reduziert oder auch ideologisiert. Trotz dieser Vielfalt lassen sich jedoch auch Gemeinsamkeiten in beinahe allen Filmen erkennen: Vom ersten Stummfilm aus dem Jahr 1909 bis hin zu den Neuerscheinungen des Mozart-Jahres 2006 gibt es immerwiederkehrende Konstanten, die von fast allen Regisseuren filmisch interpretiert wurden und sowohl die Filmsujets als auch den Filmstil betreffen. Zunächst die drei wesentlichen Sujets:

Mozart als Außenseiter

Mozart wird in den Spielfilmen als (meist) liebenswerter Individualist beschrieben – einmal charmant-witzig mit „Wiener Schmäh" („Wen die Götter lieben"[4]), einmal ernsthaft-melancholisch („Ein Künstlerleben"[5] und „Reich mir die Hand, mein Leben") oder infantil, frech und rebellisch („Amadeus" und „Vergesst Mozart"[6]) – immer wird Mozart als Einzelkämpfer dargestellt, der sich der Gesellschaft nicht anpassen will und einen ständigen Kampf gegen Autoritäten, Vorgesetzte und Neider (in den Filmen häufig durch die Person Antonio Salieris verkörpert) führt.

Mozart als Frauenheld

Die meisten Mozart-Spielfilme sind nach dem Vorbild einer klassischen Filmromanze oder amourösen Dreiecksgeschichte aufgebaut. Mozart steht zwischen zwei Frauen: Constanze, seiner (zukünftigen) Ehefrau, und einer weiteren Dame (die zum Teil biografisch belegt, zum Teil frei erfunden ist), in die er sich verliebt und die als Muse fungiert, durch welche der Komponist in seiner Schaffenskraft inspiriert wird und seine großen Werke wie *Die Zauberflöte* oder *Don Giovanni* vollendet. Constanzes Aufgabe als liebevolle Ehefrau im Film ist es meist, ihrem Gatten diese Affären zu verzeihen und treuherzig einzusehen, dass Mozart diese Inspirationen braucht. („Aber dass diese Anregungen immer Röcke tragen müssen ... " – Zitat Constanzes in *Eine kleine Nachtmusik*.[7])

Mozarts früher Tod und das Requiem

Besonders die Umstände um Mozarts Tod faszinierten die Filmemacher seit dem frühen 20. Jahrhundert, und somit ist die Geschichte des Requiem-Auftrages durch den „geheimnisvollen schwarzen Boten" (in Wahrheit ein Abgesandter des Grafen Walsegg-Stuppach), der dem bereits vom Tode gezeichneten Mozart den schicksalhaften Auftrag zur Komposition des Requiems erteilt, ein häufig wiederholtes Element in den meisten Spielfilmen: Mozart nimmt den Auftrag schaudernd an, wird daraufhin von Todesahnungen gequält und schreibt mit letzter Kraft an diesem Werk. Noch am Totenbett probt und dirigiert er das Requiem, bevor er darüber einen meist dramatischen, rührseligen Filmtod stirbt.

Beleuchtet man die zahlreichen Mozart-Spielfilme der Jahre 1909 bis 2006 hinsichtlich ihrer künstlerischen Intention, ihres (kultur-)politischen Anspruchs und ihrer gesellschaftlichen Wirkung, so lassen sich die Werke ganz allgemein in drei große Film-Generationen einteilen:

„Film d'Art": die Künstlerbiografie und der Bildungsanspruch

Das erste überlieferte Filmdokument zu Mozarts Leben, der französische Stummfilm „La mort de Mozart" (Regie: Louis Feuillade, ➤ Abb. 22), der auch in einer mit englischen Zwischentiteln versehenen Fassung als „Mozart's last requiem" in den USA erschien, datiert aus dem Jahr 1909. Dieser Film entstand als sogenannter „Film d'Art" – benannt nach einer französischen Filmbewegung zu Beginn des 20. Jahrhunderts, die stark am Theater orientiert war und Sprechstücke, literarische Vorlagen und Opern filmisch adaptierte.[8] Diese erste Mozart-Biografie der Filmgeschichte verfolgte einen klaren Bildungsauftrag: Mozarts Genie, seine musikalischen Hauptwerke und sein Tod – in Stummfilm-Manier dramatisch überzeichnet – sollten in 13 Minuten Film einem intellektuellen Publikum dargestellt werden.
Zwölf Jahre später (1921) folgte der erste österreichische Beitrag zum Thema „Mozart im Film", Otto Kreislers und Karl Tomas abendfüllender Stummfilm „Ein Künstlerleben: Mozarts Leben, Lieben und Leiden", der bisher allerdings nur als 40-minütiges Fragment verfügbar ist. Der Film wurde an Originalschauplätzen gedreht und war mit aufwendigen Kostümen und üppigen Szenerien ausgestattet.[9] Ähnlich wie bei Louis Feuillades frühestem Stummfilm wird auch hier der Anspruch auf kulturelle Bildung der Zuschauer deutlich: Mozart wird als verklärter Künstler dargestellt, sein Leben detailverliebt und mit hohem Anspruch auf Authentizität wiedergegeben und der „Denkmalcharakter" des Protagonisten betont.[10]

Ideologie der NS-Zeit: Mozart als „deutscher" Komponist

Unter dem Schlagwort des „Kulturauftrags" wurde Mozart Ende der 1930er-Jahre zum Filmstar des NS-Regimes erhoben; in dieser Zeit wurde der Komponist auch als „Wirtschaftsfaktor" entdeckt und die Filmindustrie begann damit, Jubiläen (wie runde Geburts- und Todestage Mozarts) filmisch zu vermarkten und finanziell gewinnbringend zu nutzen.[11] Mozart als Person und Komponist wurde von den Nationalsozialisten zu Propaganda- und Repräsentationszwecken missbraucht; während der Feierlichkeiten zu seinem 150. Todestag im Jahr 1941 wurde er von Joseph Goebbels und Baldur von Schirach als „Volkskünstler" bezeichnet, sein Sterben als „Heldentod" gedeutet und Mozarts Geist als Teil der „Kraft" angesehen, aus der heraus Krieg geführt

Abb. 22: Maurice Vinot in „La mort de Mozart" (1909)

Abb. 23: Hans Holt und Irene von Meyendorff in „Wen die Götter lieben" (1942)

würde.[12] Im Gegensatz dazu zeigten sich die Regisseure der in der NS-Zeit entstandenen Mozart-Spielfilme im Hinblick auf die vorherrschende politische Gesinnung eher zurückhaltend: Im Jahr 1939 erschien der Spielfilm „Eine kleine Nachtmusik" des österreichischen Regisseurs Leopold Hainisch – eine Verfilmung von Eduard Mörikes Novelle „Mozart auf der Reise nach Prag" mit Hannes Stelzer in der Hauptrolle. Ein Jahr später drehte der italienische Regisseur Carmine Gallone unter Mitarbeit von Ernst Marischka seinen Mozart-Film „Melodie eterne"[13] und im Jahr 1942 verkörperte Hans Holt in „Wen die Götter lieben" (➤ Abb. 23) ein ähnliches Mozart-Bild: Der Komponist als stattlicher „deutscher" Musiker und jugendlicher, eleganter Charmeur, als Frauenliebling und heroisches Genie – dieser Typus wurde den Mozart-Darstellern bis hin zu Oskar Werner in der Nachkriegsverfilmung „Reich mir die Hand, mein Leben" (1955) zugewiesen; eine betont ideologielastige Haltung wurde Mozart im Film jedoch nie aufgezwungen.[14]

Mozart als Rebell und der Mut zur Hässlichkeit

Mit dem Erscheinen von Wolfgang Hildesheimers unkonventioneller, bei Suhrkamp erschienener Biografie „Mozart" im Jahr 1977[15] und der damit verbundenen radikalen Entmythologisierung Mozarts vom heroischen Genie zum obszönen, unreifen Menschen und dem Erfolg von Peter Shaffers Theaterstück „Amadeus"[16] (1979) wurde die Filmindustrie zu Beginn der 1980er-Jahre erneut auf den Komponisten aufmerksam und eine Reihe von Mozart-Spielfilmen entstand in dieser Zeit. Die weltweit bekannteste Verfilmung mit dem Titel „Amadeus" wurde vom tschechischstämmigen Regisseur Miloš Forman gedreht und kam im Jahr 1984 als Adaption von Peter Shaffers Theaterstück in die Kinos. Mozart wird darin von Tom Hulce als lebenslustiger Rebell mit Hang zur Obszönität und infantilem Gekicher dargestellt (➤ Abb. 24); der durchschlagende Erfolg des Films, der mit aufwendigen Filmsets und Hollywood-Schauspielern aufwartete, kann sicher unter anderem auch darauf zurückgeführt werden, dass die Hauptperson vom althergebrachten, verklärten,

Abb. 24: Tom Hulce in „Amadeus" (1984)

unnahbaren Träumer zum ausschweifenden Wüstling und Rebell mutierte. Weitere Beispiele für diese radikale Umdeutung bzw. diese „Regie-Revolte" sind Slavo Luthers 1985 entstandener Spielfilm „Vergesst Mozart" (mit Max Tidof in der Hauptrolle), der sich in noch radikalerer Form dem Kommerzkino anpasst, Mozarts Tod als Kriminalgeschichte präsentiert und den Komponisten ebenfalls ehrfurchtslos als Außenseiter mit Hang zu Hässlichkeit und Aggression darstellt, oder Pupi Avatis Beitrag „Noi tre" bzw. „Wir drei"[17] (1984, Hauptdarsteller: Christopher Davidson), der die amourösen Verwirrungen des pubertierenden jungen Mozart auf seiner ersten Italienreise zum Inhalt hat. Auch im Bereich des Musikvideos findet sich dieses Mozart-Bild in den 1980er-Jahren wieder: Der Popsänger Falco verewigte den Komponisten in seinem Clip „Rock me Amadeus" und zeigt Mozart darin als Punk und Popidol.[18]

Nach dieser „Mozart-Modewelle" wurde in der Folgezeit nur noch zu den großen Gedenkjahren 1991 und 2006 eine überschaubare Anzahl Mozart-Spielfilme gedreht: „Wolfgang"[19] von Juraj Herz (mit Alexander Lutz als Mozart), der sich an neueren wissenschaftlichen Erkenntnissen orientierte und das Mozart-Bild von den vorherrschenden Legenden befreien wollte, sowie „Ich hätte München Ehre gemacht"[20] von Bernd Fischerauer (mit Xaver Hutter in der Hauptrolle), einem Fernsehfilm über Mozarts Aufenthalt in München 1781 und der Entstehung des *Idomeneo*. Im Spielfilm „Trillertrine"[21] von Karl-Heinz Lotz stellt

Mozart schließlich einen senilen, verrückten Greis dar, der allerdings nur als Nebendarsteller in einer Jugend-Abenteuergeschichte fungiert.
Mozarts Biografie faszinierte die Filmemacher seit jeher; seine bewegte Lebensgeschichte, sein humorvoller Charakter und sein früher Tod boten Regisseuren mehr als genug Stoff für das Medium Film. Nach all den unterschiedlichen filmischen Ansätzen der letzten hundert Jahre zum Thema „Mozart im Film" und seiner variantenreichen Darstellung als verklärter, heroischer Komponist, charmanter Frauenliebling und rebellischer Punk können wir gespannt sein, welche neuen und bisher unbeachteten Facetten der Person Mozarts von den Filmemachern des 21. Jahrhunderts noch entdeckt werden können.

■ Mozart first appeared as the main character of a short silent film by Louis Feuillade in 1909. Since then, especially in the 1940s and 1950s, approximately 25 motion pictures have been made in which the life of the composer is visualised. The image of Mozart as "genius" in the older films was overturned in 1984 with the film "Amadeus", in which a "psychological Mozart" was shown for the first time – brilliant and silly at the same time. Prevailing motifs in most of the films are those such as "Mozart as ladies' man" and "Mozart's early death and the Requiem". It becomes apparent that in many films the appearance and behavior of the composer are also depicted through stereotypes.

Auf dem Sockel, zwischen dem Rahmen

Karl-Markus Gauß

Der expressionistische Dichter Albert Ehrenstein, der im Wiener Arbeiterviertel Ottakring geboren wurde und 1950 an einem repräsentativen Ort der österreichischen Kultur, im Armenhospital von Welfare Island in New York, gestorben ist, hat einmal darüber gegrübelt, in welcher Gestalt die Großen der Geschichte auf uns überkommen. Seine besondere Aufmerksamkeit widmete er dabei einer manchmal harmlos verlaufenden, häufig jedoch gravierenden Erkrankung, für die er den Namen „Denkmalitis" prägte. Gerade dort, wo es den Menschen ausgetrieben wurde, manifestiert sich das historische Gedächtnis in Monumenten, die von dieser Krankheit verformt werden: Groß und mächtig erscheinen auf ihnen selbst jene, die die Großen und Mächtigen kritisierten oder von diesen drangsaliert wurden.

Wer es mit Denkmälern zu tun bekommt, ist vor Verwechslungen nicht gefeit. So hatte die österreichische Kaiserin Sisi auf Korfu ein prunkvolles Anwesen erworben, in dessen Garten sie ihrem Idol Heinrich Heine, dem Dichter, der elegant über nationale Heroen und nationalistische Spießer zu höhnen wusste, ein Denkmal errichtete. Nach ihrem Tod erstand der deutsche Kaiser Wilhelm II. das Grundstück, ließ das Monument des frechen Judenbengels, für den er Heine hielt, abreißen und an dessen Platz eine fast zwanzig Meter hohe Statue aufstellen, in der er den griechischen Helden Achilles gut getroffen wähnte; den Griechen mutete dieser Achilles nicht besonders sympathisch an, sie hielten ihn für Martin Luther, den Ketzer aus dem kalten Norden.

Wer wie ich in Salzburg aufgewachsen ist, dem wird das Denkmal auf dem Mozartplatz wahrscheinlich schon seit vielen Jahren nicht mehr auffallen. Fiele es ihm wieder auf, würde ihm nicht entgehen, dass der Komponist da nach der Manier eines Feldherrn gezeigt wird, der nicht gerade dabei gestört wurde, ein luftiges Menuett zu komponieren, sondern sich eben anschickt, den Aufmarsch imaginärer Truppen zu befehligen. Die Feder scheint nur irrtümlich in die Hand des stattlichen Mannes geraten zu sein, als habe der Bildhauer, berauscht von seinen Visionen der Macht, in seinem Depot das vorbereitete Schwert übersehen. Um die Mitte des 19. Jahrhunderts, als die Salzburger Bürger dieses Denkmal dem größten Sohn ihrer Stadt weihten, war Mozarts Leben weder so vollständig vergessen noch so wenig erforscht, dass die Leute ihm wirklich einen militärischen Charakter zugemessen hätten. Aber das, was ihnen ein Genie ausmachte, konnten sie nur in der Fassung des Heroen entdecken, und darum mussten sie Mozart vergrößern und veredeln, freilich ohne zu ahnen, dass sie ihn gerade damit zugleich verkleinerten und vergröberten.

Derlei ist keine Salzburger Spezialität, sondern findet sich in jeder europäischen Stadt, die auf ihr Erbe hält, indem sie sich eines erfindet. Gerät man in Hamburg auf den Gänsemarkt, wundert man sich über die ungeschlachte Gestalt, die dort in steinernem Grimm und ewiger Einsamkeit thront. Auf die Idee, in dem klobigen Finsterling habe die Stadt ausgerechnet einem geistig so beweglichen Aufklärer wie Lessing ihren Tribut entrichtet, kommt man nicht, bis man am Sockel seinen Namen entdeckt, und dann findet man die Idee schlecht, weil sie zu dem, was Lessing schreibend entwarf und mutig verfocht,

Abb. 25: Geschmücktes Geburtshaus.
Gedenken zum 100. Todesjahr (Fotografie 1891)

in peinigendem Widerspruch steht. Überhaupt, der Sockel! Albert Ehrenstein hat in seiner Erzählung „Das Denkmal auf Zeit“ durchgespielt, was auf einem Denkmal überflüssig, weil bloße Zutat der Zeitgenossen, pathetische Zierrat der Nachgeborenen ist. Als er all die Paraderösser gedanklich von den Denkmälern entfernt hatte, die pompösen Gesten, die martialischen Mienen, kam er zum Schluss: „Unumgänglich nötig ist nur der Sockel.“

Ich bin in den Fünfziger- und Sechzigerjahren des vorigen Jahrhunderts in Salzburg aufgewachsen, also hatte ich es schwer, Mozart zu entdecken. Mozart, das war die imposante, fremd abweisende Gestalt auf dem Sockel, zu der man sich nicht hingezogen fühlen konnte, vor der man allenfalls ehrfürchtig erschaudern mochte. Mozart, das war der Regen am Wandertag, der verpatzte Schulausflug, der uns statt hinaus in die Felder oder hinauf auf die Berge unweigerlich in ein Museum führte, das mich damals düster anmutete, in dem uns zu schweigen befohlen wurde und in dem es zwar trocken, aber langweilig war, denn dass die Wohnung, in der Mozart geboren wurde, je von Leben erfüllt gewesen sein könnte, mochten wir nicht glauben. Wenn am Abend vor dem Schulausflug die Wolkenbank dichter wurde, wussten wir, dass wir auch dieses Jahr wieder nicht im Freien herumtollen würden, sondern vor Schaustücken stillehalten mussten, auf denen der Staub abgestandener Anekdoten lag. Eine Jugend in Salzburg, das hieß damals, als ich hier groß wurde, sich gegen viele Mächte wehren zu müssen, die alle so taten, als stünden sie im Bündnis mit Mozart; falsch unterrichtet, waren wir versucht zu glauben, er, der sich wider die Obrigkeit seiner Zeit behauptet hatte, wäre schuld an dem, was wir an den Obrigkeiten der unseren zu leiden hatten.

Am Ende setzt sich Mozart immer durch, auch gegen die Bilder, die man von ihm vorgesetzt bekommt oder die man sich selbst von ihm macht. Von Mozart gibt es womöglich mehr Bilder als von den meisten Berühmtheiten seiner Zeit, sicher aber viel mehr, die falsch sind; falsch in dem Sinne, dass sie den Genius nur als Genius zeigen, also so, wie der gleichermaßen verständliche wie triviale Wunsch, zu bewundern und zu verehren, sich ihn erschafft – und nicht als den Menschen, der er war. Wie aber war er? Offenbar hatte er einen Kopf, der für die kleine Statur zu groß war, und auch sonst fügte sich beim Meister aller Harmonien körperlich nicht alles harmonisch in eins.

Es ist auffällig, dass viele Bilder, die Mozart zeigen, sein Äußeres nicht deswegen verfehlen, weil die Maler ungeschickt, vielmehr weil sie unwillig waren, das Genie als Menschen und den Menschen in seinen Widersprüchen wahrzunehmen. So erfahren wir aus manchem Porträt weniger über den Porträtierten als über den Porträtisten und die Ideale, denen er huldigte, die Obsessionen, die ihn plagten, also über seine Zeit, in der er sich bewähren, und über deren Geschmack, den er treffen wollte. Die Sicht auf Mozart ist auch durch Bilder verstellt, die ihn uns zu zeigen versprechen; aber es ist ja oft so, dass wir zur Wahrheit nur gelangen, indem wir uns über deren Verfälschung klar werden.

■ How does a schoolboy in the 1960s experience Mozart, ubiquitous and standing on a pedestal? Karl Markus Gauß, freelance-writer in Salzburg, describes his very own view of a monument dedicated to Mozart.

1 Pietro Antonio Lorenzoni (1721–1782)?

Mozart im Galakleid (Knabenbild)
Mozart in formal attire (boyhood portrait)
Öl auf Leinen, Anfang 1763, 84,1 x 64,5 cm
Salzburg, ISM, Mozart-Museen & Archiv

Aufschlussreich ist die Beschreibung des prachtvollen „Kleids", das der siebenjährige Wolfgang aus Wien mitnehmen durfte. „Es ist solches vom feinsten Tuch liloa=Farb, Die Veste von Moar nämlicher Farbe, Rock und Kamisol mit Goldborten breit und doppelt bordieret." Dieses kostbare Gewand findet sich wieder auf dem höchstwahrscheinlich von Lorenzoni stammenden Knabenbild, das die Eltern von ihrem so hochbegabten Sohn etwa Anfang 1763 anfertigen ließen. Leopold verstand es, die an einen jungen Höfling erinnernde und ursprünglich für den Erbprinzen Maximilian (1756–1801) bestimmte Kleiderpracht nicht nur zu beschreiben, sondern auch bildnerisch von einem geschickten Maler ins rechte Licht setzen zu lassen. Goethe erinnerte sich noch Jahrzehnte später an einen Auftritt Wolfgangs in Frankfurt, wo er dessen Degen zu Gesicht bekommen hatte, den man auch auf dem Bild sieht.

2 Louis Carrogis de Carmontelle (1716–1806)

Vater Mozart mit seinen beiden Kindern (Carnavalet-Exemplar)
Father Mozart with his two children (Carnavalet exemplar)
Aquarell, Bleistift, laviert, ca. 1763, 32,6 x 20,1 cm
Paris, Musée Carnavalet, Inv. Nr. D. 4496

Die vierköpfige Familie Mozart war 1763 zu einer großen Westeuropareise aufgebrochen. Vor allem Wolfgang erregte im Herbst 1763 großes Aufsehen in Paris. Alle Aquarelle des Pariser Porträtisten Carmontelle, zeigen die gleiche Szene mit einem

Musikensemble aus Vater Leopold (als Geiger), Tochter Nannerl (als Sängerin) und Sohn Wolfgang (am Cembalo). Es sind vier farbige Darstellungen und eine Grisaille-Arbeit, die sich in französischem und in britischem Besitz befinden. Sie alle ähneln sich sehr. Doch ist die Version des Musée Carnavalet am feinsten von allen ausgeführt, mit einer ganz besonderen Liebe zum Detail, sichtbar an der Kolorierung, an den Spitzen der Kleider oder der Deutlichkeit der Notenschrift. Es könnte sich aus stilistischen Gründen hierbei um die „Urversion" des kleinen Familienbilds der Mozarts von 1763 handeln, die sich Carmontelle vorbehielt. Auf Nachfrage kopierte er dann für Sammler weitere Aquarelle in derselben Anordnung. Die Jahreszahl „1777" (unten) entspricht einer fälschlichen Datierung des Sammlers La Mésangère, der über viele Blätter verfügte.

3 Louis Carrogis de Carmontelle (1716–1806)

Vater Mozart mit seinen beiden Kindern
(Castle-Howard-Exemplar)
Father Mozart with his two children
(Castle-Howard exemplar)
Aquarell, Bleistift, laviert, 1763 oder später
32 x 20 cm
York, Castle Howard Collection

Das weitgehend unbekannte Aquarell aus der Castle Howard Collection ist zeichnerischer und mit flotterem Strich ausgeführt als das detailgenaue Exemplar aus Paris (Kat. 2), erkennbar etwa an der Kleidung des kleinen Wolfgang. Manche Feinheiten werden hier sogar weggelassen. Viel spricht dafür, dass das Castle-Howard-Exemplar um einiges später ausgeführt wurde, da der höchst erfolgreiche Hofkünstler Carmontelle erst in den 1780er-Jahren begonnen hatte, einen verstärkten Handel mit seinen Aquarellen zu betreiben.

4 Jean-Baptiste Delafosse (1721–1775)

Vater Mozart mit seinen beiden Kindern,
nach Carmontelle
Father Mozart with his two children,
based on Carmontelle
Kupferstich und Radierung, Paris 1764
36,8 x 21 cm
Salzburg, ISM, Mozart-Museen & Archiv

Dieses französische Blatt gibt das Motiv von Louis Carrogis de Carmontelle getreu wieder. Es wurde 1764 wohl auf Veranlassung von Leopold Mozart gestochen und zu Werbezwecken auf der großen Westeuropareise (1763–1766) verschenkt und auch später noch in einigen europäischen Kunsthandlungen angeboten.

5 Thomas Cook (1744–1818) (Seite 69)

„THEOPH: W: MOZART Compositeur, et Maitre de Musique, agé de 7 ans", aus den „Miscellanies" von Barrington
"THEOPH: W: MOZART ... seven years of age", from the "Miscellanies" by Barrington
Kupferstich, London 1781
Platte: 16,5 x 13 cm; Buchgröße: 26 x 22 cm
Salzburg, ISM, Bibliotheca Mozartiana

Zu sehen ist als ovaler Ausschnitt nach dem Kupferstich von Delafosse (Kat. 4) der Cembalo spielende Wunderknabe, der Daines Barrington (1727–1800) sehr beeindruckt hatte. Darunter in griechischer Schrift ein Hermes-/Merkur-Hymnus von Homer, der die Begabung des Musikers preist. Barringtons Text über Mozart war bereits 1770 erschienen. Aber erst die zweite Ausgabe „Miscellanies by the Honorable Daines Barrington. London 1781" enthält das Medaillon-Porträt gegenüber der Seite 279.

Η σοι γ'εκ γενεης τα δ'αμ' εσπετο θαυματα εργα;
Ηε τις αθανατων, ηε θνητων ανθρωπων
Δωρον αγαυον εδωκε, και εφρασε θεσφιν αοιδην;

HOMER's Hymn on Mercury.

AMEDEO VOLFANGO MOZARTO SALISBVRGENSI
PVERO DVODENNI
IN ARTE MVSICA LAVDEM OMNEM FIDEMQ: PRAETERGRESSO
EOQ: NOMINE GALLORVM ANGLORVMQ: REGIBVS CARO
PETRVS LVIATVS HOSPITI SVAVISSEMO
EFFIGIEM IN DOMESTICO ODEO P. C.
ANNO CIɔIɔCCLXX.

6 Gianbettino Cignaroli (1706–1770)?

Mozart in Verona
Mozart in Verona
Öl auf Leinen, Verona 6.–7. Jänner 1770
70,5 x 57 cm
Paris, Privatbesitz

Eines der berühmtesten Bildnisse Mozarts wurde auf der Italienreise von 1769/70 gemalt. Leopold Mozart berichtet Anfang Jänner 1770: „Sgr: Luggiatti bath die Cavagliers mich zu ersuchen, daß ich erlauben möchte den Wolfg: abmahlen zu lassen; gestern vormittag geschahe es, und heute nach der Kirche sollte er das zweytemahl sitzen [...]. wir sollten demnach heut vormittag nach der Kirche zu H: Luggiatti kommen, um vor dem Tische noch einmahl dem Mahler zu sitzen. [. . .]. Man fuhr demnach fort des Wolfg: Portrait auszumahlen, und wir giengen erst um 3 Uhr zum Essen." Zu sehen ist der 14-jährige Mozart in rotem „Rock" im Haus des Venezianers Pietro Lugiati (1724–1788) an einem Frühbarock-Cembalo von Celestini. Mozart, der den Betrachter anblickt, sitzt vor einem Blatt aus 35 Takten „Molto Allegro" mit exakt gezeichneten Noten (KV 72a), ein Stück, das höchst ungewöhnlich für Mozarts Stil ist. Auf dem Cembalo liegt noch eine große Violine oder Viola, was darauf deuten dürfte, dass der junge Salzburger auch auf der Violine konzertierte (vgl. auch Kat. 69). Das Tintenfass, wie es auf mehreren Porträts zu sehen ist (vgl. Kat. 60), zeigt ihn als Schreibenden. Die Kartusche unterhalb des Rahmens gibt Auskunft über den Dargestellten. „Amadeo Volfgango Mozarto Salisburgensi puero" feierte in Italien bis 1773 vor allem mit Opern große Erfolge. Als Maler des Gemäldes scheint ein „Cignaroli, Pittore" in den Reisenotizen Leopolds auf. Man hat das Porträt zunächst Gianbettino bzw. Fra Felice Cignaroli, später dem Neffen Saverio della Rosa (1745–1821) zugeschrieben. Seit 2006 wird die Zuschreibung an Gianbettino Cignaroli erneut favorisiert. Das Gemälde galt lange Zeit als vermisst. Leopold von Sonnleithner (1797–1873) ließ es im Jahr 1856 suchen und ein gewisser W. Böcking fand es auf dem „Hausboden" der Società Filarmonica in Verona, die es an Sonnleithner verkaufte. Für dieses Bildnis stellte Archivar Engl fest: „Mozart hatte blaue Augen", was ein wichtiges Kriterium für die Echtheit unsicherer Mozart-Porträts werden sollte.

7 Johann Nepomuk della Croce (1736–1819)?

Mozart als Ritter vom Goldenen Sporn (2. Fassung)
Mozart as knight of the Golden Spur (Second version)
Ölgemälde, Salzburg 1777 (nach einem verschollenen Ölbild, Italien 1770), 75 x 65 cm
Bologna, Civico Museo Bibliografico Musicale

Das Gemälde mit dem von Papst Clemens XIV. verliehenen Orden als Ritter vom Goldenen Sporn wurde für Mozarts Gönner Padre Martini (1706–1784) angefertigt. Es ist die Replik nach einem verlorenen, in Italien gemalten Porträt von 1770. Leopold Mozart lässt Martini in Bologna Ende des Jahres 1777 wissen, dass das erbetene und auf den Weg geschickte Salzburger Bildnis von Wolfgang künstlerisch keinen großen Wert habe; es sei eben nicht aus Italien, wo man bessere Maler habe (Bauer/Deutsch 3, Nr. 396). Diese Einschränkung bedeutet sicher nicht, dass Leopold das von ihm ja selbst beauftragte und in Salzburg ausgeführte Bild als minderwertig eingeschätzt hätte – an anderer Stelle (Bauer/Deutsch 3, Nr. 380) nennt er es nämlich „unvergleichlich"– sondern es zeigt, dass Leopold genau informiert ist, welch hohe Maßstäbe italienische Kunstkenner an die Porträtkunst ansetzen würden. Aus stilistischen Gründen vermutet Dieter Goerge, dass della Croce das Gemälde ausgeführt haben könnte.

8 Martin Knoller (1725–1804)?

„MOZART's PORT[R]AIT".
"MOZART's PORT[R]AIT".
Miniaturmalerei auf Elfenbein, Durchmesser: 5,2 cm
Salzburg, ISM, Mozart-Museen & Archiv

Die Miniatur gilt als „authentisches" Mozart-Porträt. Am rechten Rand der Malfläche ist zu lesen: „MOZART's PORT[R]AIT". Es soll sich um ein Porträt des ungefähr 16-jährigen Mozart aus dem Besitz der Schwester handeln. Der Dargestellte in einem jugendlich schmal geschnittenen blauen Rock schaut den Betrachter „en face" an, eine Seltenheit unter den Mozart-Porträts. Mozarts Schwester Anna Maria meint, man sähe auf (vermutlich) dieser Miniatur den Ausdruck von krankheitsbedingter bleicher oder gelblicher Gesichtsfarbe. Allerdings lächelt der Porträtierte und zeigt keine auffälligen Zeichen von Krankheit. Während man zunächst vermutete, die Miniatur sei 1770 in Italien gemalt worden, wird heute der Winter 1772/1773 angenommen, als Mozart den *Lucio Silla* vollendete. Als Maler gilt der in Mailand tätige Martin Knoller, der in den Briefen der Familie Mozart 1770 und 1773 erwähnt wird. Aber, so Edgar Baumgartl: „Es wäre die einzige Miniatur auf Elfenbein, die wir von Knoller kennen. Sie zeigt indes stilistisch keinen Bezug zu seiner Hand. Den Winter 1772/73 verbrachte Knoller in Gries und Bozen [...]. Daß Mozart ihm auf der Durchreise [...] oder der Rückreise [...] zum Porträt gesessen hat, wäre in der Kürze der Zeit eher unwahrscheinlich." Auf der Rückseite wurde mit Eisen-Gallus-Tinte auf Papier notiert, dass es sich um ein Bildnis von „W. A. Mozart" handelt. Der Rest ist unleserlich.

9 Dorothea Stock (1760–1832)

Mozart. Silberstiftzeichnung
Silverpoint drawing of Mozart
Silberstiftzeichnung auf Elfenbeinkarton, April 1789
7,5 x 6,2 cm
Salzburg, ISM, Bibliotheca Mozartiana

Ausgeführt wurde das Porträt in der schwierigen Technik der Silberstiftzeichnung während Mozarts Aufenthalt bei der Familie des Christian Körner in Dresden, in der auch die Künstlerin, eine Schwägerin Körners, lebte. Auf der Rückseite der Zeichnung der Dresdener Künstlerin befindet sich ein nur noch fragmentarisch erhaltener Zettel, auf dem einer der Vorbesitzer, Friedrich Förster, notierte, dass er die Zeichnung von Dorothea Stocks Schwester erhalten und sie 1859 an seinen Stiefsohn Carl Eckert weitergegeben habe. Stocks Bildnis ist ein an Feinheit unübertroffenes Porträt. Seit 2005 befindet sich die wertvolle Zeichnung im Besitz der Stiftung Mozarteum, zuvor war sie in wechselndem Privatbesitz.

10 Eduard Mandel (1810–1882)

„W. A. Mozart" nach der Silberstiftzeichnung von Stock
"W.A. Mozart" based on the silverpoint drawing by Stock
Kupferstich, Berlin 1858
Platte: 15,5 x 13 cm
Salzburg, ISM, Mozart-Museen & Archiv

Vermutlich ließ Friedrich Förster (1791–1868) diesen Kupferstich 1858 in Auftrag geben. Erst mit dieser Grafik wurde das authentische Mozart-Porträt der Dorothea Stock, das weiter in privaten Händen bleiben sollte, der Öffentlichkeit überhaupt bekannt. Weder Constanze noch die Söhne Mozarts hatten es jemals zu Gesicht bekommen.

11 Heinrich Philipp Carl Bossler (1744–1812)

Silhouette, „Signor Mozart"
Silhouette, "Mr. Mozart"
Kupferstich, Speyer 1784
Bildausschnitt: 12,8 x 8,3 cm; Blatt: 14,1 x 9,3 cm
Salzburg, ISM, Mozart-Museen & Archiv

Wie das Haus Artaria in Wien (vgl. Kat. 14, 15) produzierte auch der zwischen 1780 und 1792 in Speyer beheimatete Musikverlag von Heinrich Bossler Komponistenporträts für musikinteressierte Kunden. Früher hatte man angenommen, der Kupferstich einer Silhouette sei erst 1795, also nach Mozarts Tod, entstanden, als diejenige von Löschenkohl (1785) längst schon bekannt war. Dies trifft aber nicht zu, wie Hans Schneider nachweisen konnte. Schon im November 1784 wird das von Bossler selbst gestochene Blatt mit anderen Silhouetten angekündigt und ist damit das früheste publizierte Erwachsenen-Porträt des Komponisten. Bosslers „Schattenrisse berühmter Tonsetzer" zeigen allerdings einen Mozart, der noch sehr jung erscheint.

12 Hieronymus Löschenkohl (1753–1807)

Silhouette, „Wolfg: Amade Mozart"
Silhouette, "Wolfg: Amade Mozart"
Kupferstich in Schattenrissmanier, Wien 1785
Blatt: 9,6 x 5,9 cm
Wien, Wien Museum, Inv. 103711

Anders als Bossler 1784 (Kat. 11) gestaltete Löschenkohl kurz darauf ein in die entgegengesetzte Richtung blickendes Profil Mozarts. Es erschien erstmals im „Musik- und Theater-Almanach", Wien 1786. Der Kupferstich wurde auch abgedruckt für den „Oesterreichischen National-Taschenkalender auf das Jahr 1786" verwendet. Löschenkohl publizierte Hunderte sehr viele einfach gestaltete Silhouetten-Porträts in Schattenrissmanier.

13 Anonym oder Johann Friedrich Anthing (1753–1805)

Wolfgang Amadeus Mozart, Tusch-Silhouette im *Album Amicorum* von Johann Gottfried Schade zur Eintragung der Geigerin Regina Strinasacchi, unter einer Tusch-Silhouette von ihr
Wolfgang Amadeus Mozart, ink-silhouette in the Album Amicorum (Book of Friends) of Johann Gottfried Schade
Tuschzeichnung, nicht signiert, undatiert, wohl 1785
Silhouette: 2,3 x 1,5 cm; Blatt: 11,5 x 19,5 cm
Wien, Gesellschaft der Musikfreunde in Wien, Archiv und Bibliothek, I.N. 24774

Johann Gottfried Schade war Oboist am Hof zu Gotha. Er hat dieses Album 1781 angelegt und bis 1795 intensiv um Eintragungen gebeten. Nach einer großen Pause gibt es von 1817 bis 1826 noch acht Eintragungen. Die Eintragung Regina Strinasacchis, für die Mozart 1784 in Wien seine Violinsonate in B-Dur, KV 454 komponiert hat, ist undatiert; sie war seit 1784 (oder 1785?) mit dem in Gotha tätigen Violoncellisten Johann Conrad Schlick verheiratet, der sich schon 1783 in das Album eingetragen hatte. Die in Sepiamanier gestaltete Bildseite zu Strinasacchis Eintragung ist von G. B. Hauk signiert, der sich am 6. Mai 1785 in das Album eintrug. Sie zeigt ein Damen-Porträt in Silhouette auf einer über dem Bild geborstenen Säule, deren Kapitell auf dem Boden liegt. Dort liegt ebenfalls, an den Säulenstumpf gelehnt, ein Stein, der eine Silhouette mit einem Herrenporträt trägt. Dieses ist überzeugend mit Mozarts Porträt zu identifizieren, das Damenporträt mit jenem der Strinasacchi. Es ist nahe liegend, dass sie nach ihrer Konzertreise nach Wien mit dieser Illustration bei einem Kollegen in Gotha auf das Zusammenwirken mit Mozart (er hat mit ihr auch die Uraufführung der Sonate gespielt) hinweisen wollte. Ein Vorbesitzer hat auf dem vorderen fliegenden Vorsatz des Albums notiert, dass die darin enthaltenen Silhouetten von Johann Friedrich Anthing stammen, einem in Gotha wirkenden Silhouetteur („Meister der Schattenkunst“). OB

14 Johann Georg Mansfeld (1763–1817)

Brustbild in Reliefmanier (vor der Schrift)
Bust-portrait in relief-style
(before insertion of the text)
Kupferstich und Radierung, Wien 1789, 14,8 x 9,8 cm
Wien, Wien Museum, Inv. Nr. 74187

Der Stich von Mansfeld ist hier in einer frühen, noch unfertigen Fassung, die aus dem Artaria-Archiv stammt, zu sehen. Im ersten Druckvorgang „vor der Schrift" wurden alle Schriftzeichen des Blatts noch weggelassen. Die Grafik zeigt zwar das Porträt Mozarts, verzichtet aber auf den Titel (im Medaillon), auf die Noten auf dem Blatt unten rechts und zeigt weder den Stecher noch den Schöpfer der Vorlage an, auch ein Motto wie das spätere Horaz-Zitat auf der Vorderseite der Klaviatur ist noch nicht erkennbar.

15 Johann Georg Mansfeld (1763–1817)

„W. A. Mozart"
"W. A. Mozart"
Kupferstich und Radierung, Wien, datiert 1789,
Druck Ende 1791
Platte: 13,7 x 8,5 cm
Salzburg, ISM, Bibliotheca Mozartiana

Der Kupferstich zeigt Mozart wie im Relief von Posch (Kat. 21), auf das eigens hingewiesen wird. Rechts unten ist ein am 24. Juni 1787 komponiertes und im Februar 1789 bei Artaria erschienenes Lied erkennbar: „An Chloe" (KV 524), aus „Zwey Deutsche Arien zum Singen beym Clavier". Der Stich ist hier Teil einer Edition der drei letzten Quartette KV 575, 589 und 590, die zwar schon 1789 und 1790 von Mozart komponiert worden waren, aber erst kurz nach dessen Tod im selben Verlag erschienen. Nur in diesem Salzburger Exemplar ist der Stich von Mansfeld Teil der Notenausgabe und wirkt wie ein Denkmal für den verstorbenen Meister, was das Zitat von Horaz noch verstärkt.

16 Clemens Kohl (1754–1807)

Frontispiz zu „Mozarts Leben“,
Graz 1794, nach Mansfeld
Frontispiece to “Mozart’s Life”,
Graz, 1794, based on Mansfeld
Kupferstich und Radierung, Wien 1793 (Platte)
Platte: 8,7 x 7 cm; Buchgröße: 16,5 x 10,2 cm
Salzburg, ISM, Bibliotheca Mozartiana

Diese Buchillustration ist eine ziemlich getreue Nachbildung des Stichs von Mansfeld (Kat. 15). Mozart wird ebenfalls im Medaillon nach rechts wiedergegeben, auch die Liednoten von „An Chloe“ werden übernommen. Mozarts Witwe lehnte den Inhalt der Lebensbeschreibung, die sich weitgehend an die Biografie Schlichtegrolls anlehnt, ab und kaufte kurz nach Bekanntwerden der Auflage dieselbe samt Kupferplatte auf, damit möglichst wenig davon in den Handel gelangen konnte. Ausgaben des kleinen Büchleins mit dem Stich sind also sehr wertvoll. Ein weiterer Stich mit den gleichen Liednoten orientiert sich am Vorbild Mansfelds. Er stammt von Gustav Endner, dem Stiefbruder der Dorothea Stock, die ein berühmtes Mozart-Porträt schuf (Kat. 9).

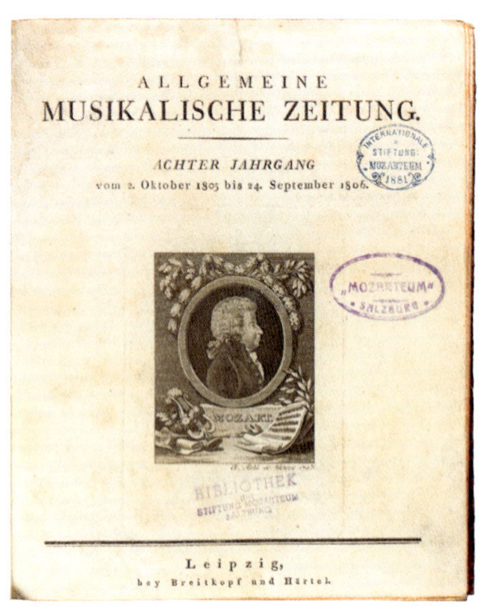
ALLGEMEINE
MUSIKALISCHE ZEITUNG.
ACHTER JAHRGANG
vom 2. Oktober 1805 bis 24. September 1806.

MOZART

Leipzig,
bey Breitkopf und Härtel.

17 Clemens Kohl (1754–1807)

Titel der „Allgemeine Musikalische Zeitung“,
Leipzig 1805/06, Brustbild nach Mansfeld
Title of the “Allgemeine Musikalische Zeitung”
(General Music Journal), Leipzig, 1805/06,
bust-portrait based on Mansfeld
Kupferstich, Leipzig 1805 (von alter Platte)
Blatt: ca. 23 x 18 cm
Salzburg, ISM, Bibliotheca Mozartiana

Der Stich von Kohl taucht 1805 auch als Titelblatt für die „Leipziger Allgemeine Musikalische Zeitung“ des Verlags Breitkopf & Härtel auf. Hier wurde die Druckplatte des Stichs von Kohl aus dem Besitz von Constanze Mozart verwendet, die diese dem Verlag Jahre zuvor verkauft hatte. Die Platte war bereits 1793 als Titelkupfer für eine 1794 erschienene kleine Mozart-Biografie verwendet worden (Kat. 16).

18 Leonhard Posch (1750–1831)

Medaillon aus Gips, W. A. Mozart (Negativ)
Medallion in plaster, W. A. Mozart (negative)
Gipsform, 1788, am Hals signiert und datiert: „Posch f. 1788", Durchmesser: ca. 9,0 cm
Berlin, Münzkabinett, Staatliche Museen zu Berlin, Objektnr. 18235486

Das 1908 von der Münze Willi Oertel gekaufte Stück aus dem Nachlass des Künstlers stellt die erhaltene, stark abgegriffene Original-Negativform des antikisierenden Porträts von 1788 dar.

19 Leonhard Posch (1750–1831)

Medaillon, W. A. Mozart (Positiv)
Medallion, W. A. Mozart (positive)
Gips, 1788, Durchmesser: 9,1 cm
Berlin, Münzkabinett, Staatliche Museen zu Berlin, Objektnr. 18205467

Vom antikisierenden Medaillon von 1788, der frühesten Version der Mozart zeigenden Halbreliefs des Künstlers, sind mehrere Exemplare von 1788 verbürgt. Neben dem Gips-Negativ (Kat. 18) ist auch dieser alte Positiv-Guss erhalten. Dagegen wird das Medaillon aus rotem Wachs aus Franz Xaver Mozarts Besitz seit 1945 vermisst, vermutlich die Urversion unseres Motivs (vgl. Abb. 20).

20 Leonhard Posch (1750–1831)

Gerahmtes Medaillon, W. A. Mozart
Framed Medallion of W. A. Mozart
Gips, nach 1803, Rahmen: 12,9 x 12,9 cm
Augsburg, Staats- und Stadtbibliothek, MG IV 105

Zu sehen ist das antikisierende Posch-Medaillon von 1788, wie es die Berliner Gussform festhält (Kat. 18). Posch lebte seit 1803 in Berlin, wo er noch erfolgreicher werden sollte als in Wien. Nach Forschler-Tarrasch deuten gefärbte Medaillons (anders als Kat. 21) auf die Berliner Zeit, wofür auch die Art der klassizistischen Umrahmung spricht. Das Halbrelief unter Rahmen war eines der zentralen Objekte der Sammlung des Münchener Arztes Maximilian Zenger (1888–1955). Vermutlich handelt es sich um jenes Stück, das bereits am 18. Dezember 1926 der Stiftung Mozarteum angeboten wurde. Bei diesem Angebot heißt es, das Mozart-Porträt „ruht cremefarben auf weissem Grunde, der wiederum von einem gelblichen hohlkehlenartigen Gipsrahmen mit Eckverzierungen eingefasst ist“. Der Einsender erinnert auch an eine rückseitige, überklebte Signierung.

21 Leonhard Posch (1750–1831)

Brustbild im Halbprofil aus Gips, W. A. Mozart
Plaster bust-portrait in semi-profile, W. A. Mozart
Gips, gegossen, 1789. Auf Untergrund montiert unter bombiertem Glas in einem Messingrahmen, 1789
Durchmesser: 9,0 cm; Wien, Sammlungen der Gesellschaft der Musikfreunde in Wien, Bi 1872

Der aus Tirol stammende und danach in Salzburg, später in Wien lebende Leonhard Posch war berühmt für seine Porträt-Medaillons der Wiener Gesellschaft in Wachs, gegossen danach in Gips und Eisen. Das vorliegende Stück, in besonders zarter und detailgenauer Ausführung, ist offensichtlich ein besonders früher Guss von der noch frischen, gänzlich unbeschädigten Form. Mit dem kurzen Zopf entspricht es dem Medaillon von 1789. Nachdem sich das Medaillon vom Untergrund gelöst hatte, wurde es 2005 auf einem neuen Untergrund aus historischem Material montiert, der genau dem zuvor vorhandenen entspricht. Die Rahmung in einem kreisrunden Messingrahmen mit bombiertem Glas ist sicherlich die ursprüngliche. OB

22 Leonhard Posch (1750–1831)

Medaillon aus Buchs, W. A. Mozart
Boxwood-medallion, W. A. Mozart
Schnitzwerk, 1788/89
10,5 x 9,0 cm
Salzburg, ISM, Mozart-Museen & Archiv

Das Buchsbaum-Medaillon ist umrahmt von einem alten Messing-Zierrahmen. Es kam 1856 durch den Bankbeamten J. Kiß (oder Küß) von Wien nach Salzburg. Das Porträt kann nicht, wie früher vermutet wurde, in Berlin geschaffen worden sein, als sich Mozart im Mai 1789 dort aufhielt, da Posch zu dieser Zeit noch in Wien lebte.

23 Leonhard Posch (1750–1831)

„W. A. Mozart, 1788“,
Heliogravure des Medaillons aus Meerschaum
“W. A. Mozart, 1788”, photogravure
of the meerschaum (sepiolite) medallion
Historische Fotografie, letztes Drittel 19. Jahrhundert,
Fa. Hanfstaengl, München
26,7 x 19,9 cm
Salzburg, ISM, Mozart-Museen & Archiv

Das sogenannte Meerschaumrelief aus Gips und Wachs auf blauem Samt unter Glas scheint ein von Posch selbst ausgeführtes Medaillon zu sein. In Form einer Gürtelschnalle bzw. wie eine Brosche ausgeführt, war es zunächst in Constanzes Besitz. Dann wurde es von Carl Thomas Mozart 1856 auf der Mozart-Zentenarfeier in Salzburg der Öffentlichkeit vorgestellt und 1881 in einer Zeitschrift näher beschrieben. Lange in Privatbesitz gehörte es zuletzt der Stiftung Mozarteum, seit 1945 wird es vermisst.

24 Johann Friedrich Rossmäßler (1775–1858) Johann Adolf Rossmäßler (1770–1821)

Titelvignette auf Säulenstumpf
zum Klavierauszug von *Così fan tutte*
Title-vignette with portrait on a pilaster, accompanying the piano score of "Così fan tutte"
Kupferstich, Leipzig 1794
Darstellung: 18,6 x 22,2 cm
München, Bayerische Staatsbibliothek,
2 Mus. pr. 1873

Das Titelbild zum ersten Teilband der Erstausgabe des Klavierauszugs zu *Così fan tutte* erschien 1794 bei Breitkopf & Härtel in Leipzig. Die Künstlersignatur „Rosmaesler fecit" ist unten rechts seitenverkehrt zu erkennen. Einer der beiden Brüder Rossmäßler gestaltete ein von einer Girlande umwundenes Medaillon auf einem Denkmal, in der Art von Posch; zu Füßen sind Putten zu sehen, die in Notenausgaben von Mozarts großen Opern blättern. Eine Vorzeichnung dazu (mit ausgespartem Medaillon) befindet sich in den Kunstsammlungen der Veste Coburg, in der Sammlung Zenger befand sich einst vielleicht die heute verschollene Druckplatte zu diesem Blatt.

25 Anonym

„Wolfgang Amand Mozart", nach Posch
"Wolfgang Amand Mozart", after Posch
Punzenstich/Punktierstich, 1802
Platte: 16,1 x 11,1 cm
Salzburg, ISM, Mozart-Museen & Archiv

Ein nach Posch ausgeführtes Porträt-Medaillon, ähnlich wie Kat. 26 (siehe S. 83), auf dem der Komponist aber irrtümlich den Vornamen „Amand", also „Amandus" erhalten hat.

**26 Paton Thomson (ca. 1750–1821)
nach David Thomson**

Medaillon nach Posch in Reliefmanier
Medallion based on Posch, in relief-style
Kupferstich-Medaillon in Punktiermanier,
"from a bass-relief executed in Vienna",
(Medaillon von Leonhard Posch aus dem Jahr 1789),
London, 20. April 1813
10,5 x 10 cm in einer Stichplatte
mit dem Plattenmaß 27,5 x 22,5 cm
Wien, Sammlungen der Gesellschaft
der Musikfreunde in Wien, Bi 2379

Einer der vielen schon zu Mozarts Lebzeiten oder nach seinem Tod erschienenen Kupferstiche nach Poschs Medaillons (vgl. Kat. 21, 22). Die meisten Druckgrafiken (etwa Kat. 25) erwähnen Posch nicht. Bemerkenswert an diesem von der Londoner Musikalienhandlung Clementi & Co publizierten Kupferstich ist, dass er die Wiener Vorlage – wenn auch ohne Namensnennung – erwähnt. Man wird wohl nicht fehlgehen, wenn man annimmt, dass Muzio Clementi die (wie immer von Posch nicht signierte) Vorlage für den Stich besessen, das heißt von Wien nach London mitgebracht oder aus Wien erworben hat.

OB

27 Johann Joseph Lange (1751–1831)

Unvollendetes Bildnis Mozarts
Unfinished portrait of Mozart
Öl auf Leinen, Frühjahr 1789
34,3 x 29,5 cm
Salzburg, ISM, Mozart-Museen & Archiv

Auf diesem wohl bekanntesten Porträt Mozarts (zur Datierung vgl. Kat. 37) wirkt der Komponist introvertiert. Gesichert ist, dass zumindest der Kopf, der Ansatz des Kragens und die Masche zur Gänze ausgeführt sind. Das Gemälde blieb zunächst beim Künstler, kam dann zu Constanze, die es als das ähnlichste Abbild ihres Mannes über alles geschätzt haben muss. Die Vorstellung, Joseph Lange, ein Schüler von Waldmüller, sei „eher Kunstdilletant als gelernter Bildnismaler" greift zu kurz. Zwar sind viele seiner Werke verloren, doch die vorhandenen zeigen einen hochbegabten Maler, nicht nur einen begnadeten Hofschauspieler. Das Gemälde von Mozart hat bis heute eine große Nachwirkung bei Künstlern ausgelöst. Jüngste Analysen des Doerner-Instituts München beweisen, dass ein ursprüngliches kleines Brustbild später um große Teile ergänzt wurde, was den heutigen Fragment-Charakter forciert.

Infrarot-Abbildung zu Kat. 27

28 **Franz Spitzer (um 1780–nach 1830)**

Arrangiertes Ensemble der Familie Mozart
Arranged ensemble of the Mozart family
Gouache, signiert und datiert, 1829
28 x 35 cm
Michaelbeuern, Benediktinerstift, Gemäldesammlung
(Copyright: Prof. Dr. Günther G. Bauer)

Spitzer war ein in den 1820er-Jahren in Salzburg tätiger Miniaturmaler, der damals auch Mitglieder der Familie Mozart gemalt hat, unter anderem gibt es von ihm eine Miniatur von Constanze und deren Ehemann Georg Nikolaus Nissen sowie eine verkleinerte Version des Familienbildes (nach Kat. 60) als Hinterglasbild. Die vorliegende Gouache war unter einer Druckgrafik versteckt und tauchte erst kürzlich im Stift Michaelbeuern auf. Doch das Arrangement mit einem Kind irritiert. Vielleicht soll das Gruppenbild nach bekannten Porträts in Salzburg und Glasgow retrospektiv die Zeit um 1789 festhalten, als das Bildnis von Lange ausgeführt worden war (Kat. 27). Damals war der ältere Sohn Carl Thomas gerade fünf Jahre alt; und genau 40 Jahre lagen zu dieser Zeit zurück, als die Gouache 1829 gemalt wurde. Wie sie nach Michaelbeuern gekommen ist, hat sich bisher nicht klären lassen. Der Frau des Berliner Intendanten Spontini schenkte Constanze 1829 ein Familienbildnis. Vielleicht hat es auch mehrere Kopien desselben Motivs gegeben.

29 Anonym

Mozart am Clavier, in der Art von Lange (ergänzt)
Mozart at the keyboard, in the manner of Lange (completed)
Pastell auf Pergament, Dänemark, wohl vor 1820
26 x 33 cm
Salzburg, ISM (Leihgabe aus dänischem Privatbesitz)

Das Pastell mit altem Rahmen zeigt Mozart an einem Cembalo oder Hammerflügel. Es ergänzt die Darstellung von Joseph Lange (Kat. 27). Das Bild gelangte in den Besitz des dänischen Komponisten und Mozart-Freundes Christoph Ernst Friedrich Weyse (1774–1842) mit dem die Witwe Mozarts korrespondierte. Im März 1842 zeigte Weyse es Clara Schumann, der er es als „das Aehnlichste" Mozart-Bildnis beschrieb. Über eine Auktion gelangte es 1843 in neuen Kopenhagener Besitz und befindet sich noch heute in dieser Familie. Dass dieses Pastell auch von Joseph Lange geschaffen worden sei, ist wenig einleuchtend. Sollte Constanze das Ölbild Langes (Kat. 27) z. B. in ihrem schwarzen Reisekasten nach Dänemark mitgenommen haben, könnte es die Vorlage zu diesem Porträt gewesen sein, das sie vermutlich selbst an Weyse verschenkte.

30 Otto Ludvig Edvard Lehmann (1815–1892)

Mozart am Clavier, in der Art von Lange (ergänzt)
Mozart at the keyboard, in the manner of Lange (completed)
Lithografie auf Chinapapier, Kopenhagen 1848
Platte: 29,6 x 24 cm
Salzburg, ISM, Mozart-Museen & Archiv

Diese in Dänemark entstandene Lithografie stellt Mozart vor einem ähnlichen Tasteninstrument dar wie das Pastell (Kat. 29). Die in den Proportionen ausgewogenere Darstellung kann das Pastell als Vorbild auch sonst nicht verleugnen. Geschaffen wurden die Lithografie und die Vorzeichnung dazu von „Ed. Lehmann", einem bekannten Kopenhagener Druckgrafiker. Bis in die zweite Hälfte des 19. Jahrhunderts diente diese in ganz Europa verbreitete Lithografie mit ergänzten Händen am „Clavier" als Ersatz für das Fragment von Lange (Kat. 27). Detailgenaue Druckgrafiken von Langes Original waren nämlich unbekannt.

31 Franz Seraph Hanfstaengl (1804–1877)?, nach Cornelius (Umkreis)?

Ehegatten-Porträt für Nissens „Biographie W. A. Mozart's" (2. Version), mit Haarlocken
Wolfgang and Constanze as a married couple, for Nissen's "Biography of W. A. Mozart" (second version), with ringlets of hair
Lithografie, München 1828; sowie Haare, gerahmt
Rahmen: 25,5 x 20,7 cm
Salzburg, ISM, Mozart-Museen & Archiv

Es gibt mehrere Objekte, auf denen angebliche Haarlocken Mozarts angebracht sind. Diese um zwei Locken ergänzte Grafik von 1828 bezieht sich auf Kat. 34. Das Objekt kam vielleicht schon im Gründungsjahr von Dommusik-Verein und Mozarteum 1841 nach Salzburg, wie die Bezeichnung unten, „Francesco Carmagnola, + 1841, 25 Maggio", anzeigt. Die Familie Carmagnola war mit Carl Thomas Mozart befreundet, der in Italien lebte.

32 Carl Alexander Czichna (1807–1867)?

Brustbild nach der Lithografie von Hanfstaengl
Bust-portrait based on the lithograph by Hanfstaengl
Lithografie, Salzburg 1837
Blatt: 18,7 x 10,4 cm
Salzburg, ISM, Bibliotheca Mozartiana

Dieses von einem Salzburger Künstler geschaffene Brustbild, das sich an die seitenverkehrte Lithografie nach Lange aus der Biografie Nissens (Kat. 34) anlehnt, erschien 1837 in Julius Schillings „Biographischer Skizze" in der „Lith. Anstalt v. I. Oberer". Die Druckerei befand sich in Mozarts Wohnhaus. Der Lithograf könnte Carl Alexander Czichna sein, der für eine anderes Blatt in dem kleinen Band genannt wird.

33 Ludwig von Schwanthaler (1802–1848)

Zeichnung „W. A. Mozart" nach Lange
Drawing, "W. A. Mozart", after Lange
Bleistiftzeichnung, ca. 1840
Blatt: 23,3 x 14,3 cm
Salzburg, ISM, Mozart-Museen & Archiv

Schwanthaler zeichnete eine kleine Skizze nach dem unvollendeten Porträt von Lange (Kat. 27), um sich ein Bild vom Porträt des Komponisten zu machen, dessen Denkmal er zu gestalten hatte (vgl. Kat. 83).

34 Franz Seraph Hanfstaengl (1804–1877)?, nach Cornelius (Umkreis)?

Ehegatten-Porträt für Nissens „Biographie W. A. Mozart's“ (2. Version)
Wolfgang and Constanze as a married couple, for Nissen's "Biography of W. A. Mozart" (second version)
Lithografie, München 1828
Blatt: je 22 x 13,5 cm
Salzburg, ISM, Bibliotheca Mozartiana

Die erst Anfang März 1829 erschienene Biografie zeigt das bekannte, aber bereits ausgetauschte Porträt Mozarts. Constanze wies selbst darauf hin, dass es nach dem Fragment von Lange gestaltet wurde. Das bedeutet, dass der Künstler der Vorzeichnung – vielleicht Peter von Cornelius (1783–1867) – aus dem späteren Bildnis ein „jünger“ anmutendes entwickeln konnte. Die Lithografie Wolfgangs ist etwas größer als die der Constanze, somit nicht perfekt angepasst.

35 Franz Seraph Hanfstaengl (1804–1877)?, nach Cornelius (Umkreis)?

Ehegatten-Porträt für Nissens „Biographie W. A. Mozart's" (1. Version), ungeschnittenes Blatt
Wolfgang and Constanze as a married couple, for Nissen's "Biography of W. A. Mozart" (first version), untrimmed paper
Lithografie, München 1828, Blatt: 23,2 x 31,6 cm
Wien, Wien Museum, Inv. Nr. 179318

Constanze und Wolfgang Amadé Mozart, dargestellt in jungen Jahren, auf einer unbeschnittenen Lithografie der Münchener Steindruckerei Joseph Lacroix. Zu sehen ist links eine Darstellung Wolfgangs, darunter dessen Signatur im Faksimile. Gegenüber auf der rechten Seite ist seine Frau Constanze zu sehen, die er 1782 geheiratet hatte. Auch unter ihrem Porträt ist das Faksimile ihrer Unterschrift erkennbar. Das abgebildete Porträt von Wolfgang, vermutlich nach Kat. 23 von Posch, wurde auf Veranlassung Constanzes vor der Drucklegung der Biografie von Nissen gegen eine Darstellung in der Art des Joseph Lange ausgetauscht (Kat. 34), die in fast allen Ausgaben der Biografie zu finden ist. Die vorliegende frühe Fassung ist nur in ganz wenigen Buch-Exemplaren enthalten (z.B. Archiv der Erzdiözese Salzburg). Bei dem Blatt aus Wien handelt es sich um die einzig bekannte noch unbeschnittene Lithografie mit beiden Porträts. Die zwei Porträtgrafiken mussten vom Buchbinder erst zugeschnitten und in den Buchblock eingepasst werden.

36 Franz Seraph Hanfstaengl (1804–1877)?, nach Cornelius (Umkreis)?

Ehegatten-Porträt für Nissens „Biographie W. A. Mozart's“ (1. Version)
Wolfgang and Constanze as a married couple, for Nissen's "Biography of W. A. Mozart" (first version)
Lithografie, München 1828
Blatt: je 22 x 13,5 cm
Salzburg, Archiv der Erzdiözese, ML Ko:MoW4

Das Exemplar der Biografie von Nissen im Archiv der Erzdiözese Salzburg stellt eine Rarität dar. Hier wurde die erste Version des Ehegattenporträts eingebunden, ein Blatt, das Constanze im Herbst 1828 verworfen hatte. Vielleicht diente dieses Exemplar Franz Segl als Vorlage für seine Fotografie von 1856 (Kat. 37). Dieses Salzburger Exemplar des Buches könnte aus dem Besitz von Constanze oder aus ihrem nächsten Umfeld stammen.

37 Franz Segl (ca. 1814–1880)

Fotografie des früheren Ehegatten-Porträts für Nissens „Biographie W. A. Mozart's"
Photograph of the earlier portrait of the married couple for Nissen's "Biography of W. A. Mozart"
Salzabzug, Salzburg 1856
Abzug: 8 x 6 cm; Buchgröße: 16 x 11 cm
Salzburg, ISM, Bibliotheca Mozartiana

Die Darstellung zeigt das früheste fotografisch reproduzierte Mozart-Porträt. Zu sehen ist aber kein Gemälde, sondern jene Lithografie, die ursprünglich für die Mozart-Biografie Nissens vorgesehen war (Kat. 35, 36), hier allerdings mit einer irritierenden Bildunterschrift. Sie lautet: „Nach einem von Lange 1789 gemalten Porträt, welches sich im Besitz des Sohnes Carl Mozart in Mailand befindet." Die Legende bezieht sich offensichtlich auf das Ölbildnis Kat. 27, das die Vorlage für das Alternativblatt bildete, das später in der Biografie Nissens verwendet wurde (Kat. 34). Stattdessen wurde für die Aufnahme irrtümlich ein Buchexemplar mit der „falschen" Lithografie verwendet.

38 Karl Baerend (1770–ca. 1825)

Medaille auf Mozart
Medal commemorating Mozart
Medaille (Silber), Dresden 1796, Durchmesser: 4,7 cm
Salzburg, ISM, Mozart-Museen & Archiv

Nissen nennt diese Medaille „Denkmünze“, der Anlass war der 5. Todestag Mozarts. Der Komponist wird hier idealisiert dargestellt in antikisierender Gewandung mit Locken und Lorbeerkranz. Auf der Rückseite erscheint eine Figur, die man mit Apoll in Verbindung gebracht hat, die aber wohl eher Orpheus zeigen soll, der mit seiner Leier Steine und auch einen auf einem Fels stehenden Löwen bändigen kann, wie die Umschrift andeutet:
„AVDITVS SAXIS INTELLECTVSQ FERAR SENSIBVS“.
Die Darstellung ist wohl die älteste Medaille mit einem Mozart-Porträt, denn eine angeblich noch frühere Wiedergabe (Kat. 39) kann erst nach 1796 gefertigt worden sein. Die uns heute gebräuchliche Bezeichnung auf der Vorderseite „WOLFGANG AMADEUS MOZART“ war vor 1800 noch selten.

39 **Anton Guillemard (1747–1812) und Ferenc Stuckhart (1781–1857)**

Medaille auf Mozart
Medal commemorating Mozart
Medaille (Silber), Prag, nach 1796
Durchmesser: 3,75 cm
Salzburg, ISM, Mozart-Museen & Archiv

Auf dieser Medaille nach dem Medaillon von Posch wird Mozart „WOLFGANG GOTTLIEB MOZART" genannt, auch sie ist eine „Denkmünze", die das Todesjahr Mozarts angibt. Tatsächlich wird sie erst nach 1796 produziert worden sein, als der Belgier Guillemard von Mailand nach Prag geflohen war. Das dürfte auch erklären, warum der Ungar Ferenc Stuckhart mitgewirkt hat, denn dieser arbeitete 1796 bereits in Prag, von 1799 an sogar im dortigen Münzamt. Auf der Medaille wird Mozart in ungewöhnlichen Worten gepriesen: „HERRSCHER DER SEELEN. DURCH MELODISCHE DENKKRAFT".

40 **Carl Friedrich Voigt (1800–1874)**

Medaille auf Mozarts Tod
Medal commemorating Mozart's death
Medaille (Silber), 1841, Durchmesser: 2,85 cm
Salzburg, ISM, Mozart-Museen & Archiv

Diese Medaille zeigt Mozart in einer klassizistischen Darstellung nach links mit kurzen Haaren. Hier wird ebenfalls der Todestag Mozarts vermerkt: „D. 5 DEC. 1791". Sie wurde erst zum 50. Todestag Mozarts 1841 gegossen und preist Mozarts Musik: „ZUR HEIMAT DER TÖNE".

41 Joseph Maria Grassi (1757–1838)?

„Joh: Mozart 1783“, Miniatur,
eingelassen in eine Tabatière aus Schildpatt
"Joh: Mozart 1783", miniature, fixed on a snuff-tobacco box made of tortoise shell
Miniaturmalerei auf Elfenbein, im Messingrahmen unter Glas, eingelassen in eine Tabakdose aus Schildpatt, 1783?, Oval: 3 x 2,5 cm
Salzburg, ISM, Mozart-Museen & Archiv

Die winzige Darstellung ist als Mozart-Porträt ausgewiesen. Auf einem Zettel zwischen Porträtrückseite und Deckel findet sich die Bezeichnung „Joh: Mozart 1783“, darüber ein Sternenkreis, ähnlich wie auf dem Stich von Böhm (Kat. 50), der an den Verstorbenen erinnern dürfte. Die Miniatur ähnelt auffällig dem 1829 entstandenen Stich des Dresdener Kupferstechers Gottschick (Kat. 42), der sich auf eine 1785 entstandene Miniatur von Grassi beruft. Das Porträt auf der Dose könnte durchaus eine Arbeit Grassis von 1783 oder nach einer Vorlage von 1783 sein, als sich Mozart und der Maler in Wien begegnet sind. Möglicherweise ist das Objekt mit dem „Dosendekkel, nicht lange nach seinem Tode, warscheinlich auf Speculation“ ident, den die Witwe 1800 erwähnt. Denkbar ist, dass es mehrere Miniaturen von Grassi mit diesem uns heute ungewohnten Mozart-Porträt gegeben hat.

42 Johann Christian Benjamin Gottschick (1776–1844)

„Wolfgang Amadeus Mozart"
nach einer Miniatur von Grassi
"Wolfgang Amadeus Mozart",
based on a miniature by Grassi
Kupferstich, Dresden 1829
Medaillon: 7,3 x 6,4 cm; Blatt: 19,3 x 15,6 cm
Salzburg, ISM, Mozart-Museen & Archiv

Gottschick war ein Porträtstecher, der zeitlebens in Dresden tätig war, wo Joseph Grassi später wohnte. Gottschick erwähnt auf seinem Stich von 1829 (frühere Exemplare sind nicht bekannt) ein „Miniaturgemälde von 1785". Einige Exemplare zeigen im unteren Teil des Bildfeldes die Bezeichnung „Grassi px." Die ausgeschiedene Dublette des Dresdener Kupferstich-Kabinetts enthält sie handschriftlich. Das Porträt ist mit der Miniatur auf der kleinen Tabakdose (Kat. 41) eng verwandt.

43 Anonym (19. Jahrhundert)

Porträt eines jungen Mannes (Mozart?),
angeblich nach Grassi
Portrait of a young man (Mozart?),
said to be based on Grassi
Öl auf Karton, ca. 1820–1840, 24,5 x 21 cm
Moskau, Staatliches Glinka-Museum für Musikkultur,
Inv. Nr. 193/II

Das Brustbild aus der Sammlung Sudijenko befindet sich seit 1944 im Glinka-Museum. Laut Rückenschild aus dem 19. Jahrhundert soll es Mozart darstellen: „J.C.W.A.Mozart, née l'an 1756 + 1791 peint par Grassi". Es könnte sich um die Kopie eines verschollenen Bildnisses des lange in Dresden tätigen Miniaturmalers Joseph Grassi handeln. Möglich ist auch noch eine andere Vorlage. Wie Grassi arbeitete auch der Kupferstecher Gottschick in Dresden, einer Stadt, die auch Sudijenko 1837 besuchte, etwa zur Zeit, als das Gemälde entstand. Da auf dessen Rückseite im Prinzip die Angaben des Stichs von Gottschick erscheinen, könnte der Kupferstich und nicht ein Ölbild von Grassi die Vorlage für das Moskauer Porträt gewesen sein.

44 Christian Leopold Bode (1831–1906)

Das „Tischbein-Mozart-Gemälde"
(Kopie als Kniestück, Vorbesitz C. A. André)
The "Tischbein-Mozart-Painting" (Copied as knee-length portrait, prior possession of C. A. André)
Öl auf Leinen, frühe 1850er-Jahre
100 x 80 cm, Offenbach am Main
Privatbesitz Hans-Jörg André

Im Oktober 1849 ließ der Musikhändler Carl August André im Musiksaal seines „Hauses Mozart" in Frankfurt am Main ein von ihm entdecktes Gemälde, ein Brustbild, das Mozart darstellen und von einem Maler Tischbein stammen soll, öffentlich präsentieren. Es heißt, dass das fragliche Mozart-Porträt entweder vor Mozarts Paris-Reise Ende 1777 oder während seiner Frankfurt-Reise im Oktober 1790 in Mainz gemalt worden sei. Das Originalgemälde gilt als verloren, es gibt aber eine Reihe von Kopien. Eine solche befindet sich noch im Besitz der Nachkommen des C. A. André. Das vorliegende, im Zweiten Weltkrieg beschädigte und bis 2009 restaurierte Gemälde wurde anstatt des umstrittenen Originals, das merkwürdigerweise nie eingehend untersucht werden konnte, als Vorlage für Lichtdrucke und Ansichtskarten mehrerer Kunstverlage verwendet.

45 Christian Leopold Bode (1831–1906)

Das „Tischbein-Mozart-Gemälde“
(Kopie als Brustbild, Vorbesitz Henri Fuchs)
The “Tischbein-Mozart-Painting”
(Copied as bust-portrait,
prior possession of Henri Fuchs)
Öl auf Leinen, signiert und datiert: L. Bode, 1852
59 x 52,5 cm
Offenbach am Main, Haus der Stadtgeschichte

Der Frankfurter Musikhändler C. A. André schenkte dieses Gemälde als „getreue Abbildung“ seines Tischbein-Mozart-Gemäldes an den befreundeten Musiker Henri Fuchs, wie ein Zettel verrät, der zu Weihnachten 1859 verfasst wurde. Da das sogenannte Tischbein-Mozart-Porträt angeblich als ovales Brustbild ausgeführt war, könnte es sich bei dieser „wohlgelungenen Kopie“ um eine diesem besonders ähnliche Darstellung handeln.

46 Anonym

Das „Tischbein-Mozart-Gemälde“
(Kopie als Brustbild, Vorbesitz Sophie Streicher)
The “Tischbein-Mozart-Painting” (Copied as
bust-portrait, prior possession of Sophie Streicher)
Öl auf Leinen, vor 1854, Oval gerahmt,
sichtbarer Bildausschnitt 20 x 16 cm
Wien, Sammlungen der Gesellschaft der Musikfreunde
in Wien, Bibliothek Kurt und Renate Hofmann, Bi 2259

Auf der Rückseite folgende eigenhändige Aufschrift von Johann August André: „Eines guten Vaters zärtlichen Tochter, Sophie Streicher, widmet ihr Oheim zum Tage ihrer Vermählung das nach dem einzigen Meister-Originale getreu gebildete Porträt des größten Tondichters, Mozart, von dem Vater der Braut gleich hochgeehrt wie von dem in treuester Freundschaft verbleibenden J[ohann] A[ugust] André. Frankfurt a[m] M[ain] / 20. Juni 1854“ OB

47 Johann Jacob Tanner (1807–1877)

Fotografie des sog. „Tischbein-Mozart-Gemäldes"
Photograph of the "Tischbein-Mozart-Painting"
Fotografie, Frankfurt, spätestens 1856, Oval gerahmt, sichtbarer Bildausschnitt: 18,8 x 14,5 cm
Salzburg, ISM, Mozart-Museen & Archiv

Kurz vor dem Fest zur Hundertjahrfeier von Mozarts Geburtstag, am 29. August 1856, sandte C. A. André eine Fotografie des Frankfurter Fotografen Johann Jacob Tanner an den „Dommusik-Verein und Mozarteum": „dieses getreue photographische Abbild" sei dem „Originalgemälde von H. Tischbein entnommen". Es soll sich hierbei um eine Abbildung des heute verlorenen, angeblichen Originalgemäldes aus dem Besitz von André handeln. Die früher im Mozart-Museum ausgestellte Reproduktion wurde schon vor längerer Zeit stark retuschiert, um die Konturen zu verstärken. Aus diesem Grund kann die mögliche Nähe zur Vorlage nicht überprüft werden. Unter das Bild schrieb André eine Echtheitsbestätigung für seine Schenkung.

48 Friedrich Nebel (1818–1892)

Mozart sitzend am Arbeitstisch beim Komponieren
Mozart sitting at a worktable while composing
Öl auf Leinen, undatiert, signiert, 101 x 82 cm
Wien, Sammlungen der Gesellschaft
der Musikfreunde in Wien, Bi 2321

Vormals in der Sammlung Fritz Donebauer, Prag, gelangte das Gemälde mit jenem Teil der Sammlung, der 1908 nicht in einer Versteigerung von J. A. Stargardt in Berlin angeboten worden war, an das Antiquariat Gilhofer & Ranschburg, Wien. Von diesem wurde das Gemälde am 21. Februar 1910 der Gesellschaft der Musikfreunde in Wien als Geschenk übergeben. Möglicherweise ist das Gemälde mit einem von Aloys Fuchs erwähnten Bild Nebels identisch, das Mozart bei der nächtlichen Komposition der Ouvertüre zu *Don Giovanni* zeigt. OB

49 Hans Veit Schnorr von Carolsfeld (1764–1841)

Medaillon in Reliefmanier
Medallion in relief-style
Punktierstich-Radierung in Braundruck, ohne Ort, signiert und datiert: „Schnorr v K pinx. et sc. 1793"
Bild: 15 x 12,7 cm
Wolfenbüttel, Herzog-August-Bibliothek, Port. II 3636

Das Medaillon zeigt eine ungewöhnliche Darstellung des ältesten Vertreters der Grafiker-Dynastie Schnorr von Carolsfeld. Der in Leipzig tätige Buchillustrator hatte offenbar ein Mozart-Bildnis gemalt, nach dem er die Radierung gestaltete. Das Medaillon auf der „Apotheose" (Kat. 50) fällt dagegen anders aus und deutet auf ein weiteres Mozart-Porträt Schnorrs.

50 Amadeus Wenzel Böhm (1769–1823)

Apotheose auf Mozart
Apotheosis of Mozart
Radierung auf dem Titelblatt der „Oeuvres completes", Leipzig 1798, Platte: 10,3 x 22,8 cm
Salzburg, ISM, Bibliotheca Mozartiana

Die antikisierende Darstellungsweise Mozarts erscheint vor allem in der Druckgrafik und auf Medaillen. Ein Beispiel dafür ist das 1798 von Amadeus Wenzel Böhm gestochene Titelblatt nach Hans Veit Schnorr von Carolsfeld (vgl. auch Kat. 49) für das erste Heft der Mozart-Werk-Ausgabe „Oeuvres completes" des Verlags Breitkopf & Härtel. In tiefer Trauer beugt sich eine weibliche Gestalt mit einem Kleinkind über den Gedenkstein, über dem das Medaillon des Komponisten, von Sternen umgeben, erscheint. Dieses Medaillon wurde nicht von Böhm, sondern von Hans Veit Schnorr von Carolsfeld gestaltet.

51 Friedrich Wilhelm Nettling (nachweisbar 1793–1824)

„W. A. Mozart."
"W. A. Mozart."
Punktier-Kupferstich, Erfurt (?) 1803
20 x 14,4 cm
Augsburg, Staats- und Stadtbibliothek, MG IV 528

Friedrich Wilhelm Nettling arbeitete an der Wende zum 19. Jahrhundert vornehmlich in Nord- und Mitteldeutschland. Er war, wie etwa auch Kohl, Neidl und Gottschick in erster Linie Porträtstecher. Sein Punktierstich illustriert die anonym erschienene, jedoch von Arnold verfasste und Goethe gewidmete Schrift „Mozart's Geist", die 1803 in Erfurt veröffentlicht wurde. Das Profil ist wie eine Büste gestaltet, die Haare erinnern an die Darstellung von Neidl (Kat. 55).

52 Anonym

„Wolfgang Amadeus Mozart"
"Wolfgang Amadeus Mozart"
Stich, London 1814
Bildausschnitt: 12,8 x 10,4 cm
Salzburg, ISM, Mozart-Museen & Archiv

Das büstenförmige Porträt erschien 1814 in „Ackermann's Repository of Arts" in London. Schon Nettling hatte 1803 eine ganz ähnliche klassizistisch anmutende Darstellung gewählt (Kat. 51). Einige Blätter tragen am unteren Blattrand eine Verlagsadresse.

53 David Weiss (1775–1846)

„W. A. MOZART"
"W. A. MOZART"
Aquatinta-Stich, Wien 1808
Platte: 25,1 x 18,8 cm
Salzburg, ISM, Mozart-Museen & Archiv

Dieses Porträtmedaillon von Artaria in Büstenform hat vielfach Verbreitung gefunden und ist von anderen Verlagen aufgegriffen worden. Der Bildnistyp geht vielleicht auf ältere, ähnlich gestaltete grafische oder plastische Vorbilder zurück.

54 Franz Burchard Dörbeck (1799–1835)

„WOLFGANG AMAD. MOZART"
"WOLFGANG AMAD. MOZART"
Kupferstich, Leipzig 1808
Bild: 10,5 x 8,6 cm
Salzburg, ISM, Mozart-Museen & Archiv

Auch dies ist ein klassizistisches Brustbild in antiker Gewandung mit den typischen kurzen Haaren. Der Kupferstich ist zur selben Zeit wie der Aquatinta-Stich von Weiss erschienen (Kat. 53).

55 Johann Neidl (1776–1832)

„W. A. Mozart“
“W. A. Mozart”
Kupferstich und Radierung (Farbendruck),
Wien, um 1800, Platte: 19,9 x 14,7 cm
Wien, Wien Museum, Inv. Nr. 73886

Das posthume Bildnis bei Artaria geht von dem authentischen Medaillon von Posch aus, wie die Bezeichnung „Posch fec:“ besagt. Es zeigt aber einen anderen Typus als etwa die Medaillons von Mansfeld (Kat. 15) oder von Kohl (Kat. 16); vermutlich sollte es moderner erscheinen. Charakteristisch sind die gewellten Haare Mozarts, wie sie sich auf zahlreichen Druckgrafiken des 19. Jahrhunderts wiederholen. Die farbige Radierung ist schon von Aloys Fuchs 1845 als Farbendruck bezeichnet worden, eine damals noch neue, vor allem in England verbreitete Technik, bei der die Kolorierung nicht mit der Hand ausgeführt wurde (vgl. den Farbendruck Kat. 56).

56 John Chapman (1792–1823)

„MOZART"
"MOZART"
Punktierstich, koloriert, London 1817
Platte: 16,4 x 12,1 cm
Salzburg, ISM, Mozart-Museen & Archiv

In Großbritannien war der Farbdruck verbreiteter als auf dem Festland, wo nur einzelne Exemplare bekannt sind (Kat. 55). Chapman schuf 1817 für eine Enzyklopädie einen Punktierstich, der sich an die Porträts von Posch (Kat. 21–23) und Mansfeld (Kat. 15) anlehnt, aber nicht so fein gearbeitet ist. Mozart steht hier als Komponist vor einer Orgel, seinem Lieblingsinstrument.

57 Edmé Quenedey (1756–1830)

W. A. Mozart „d'aprés un portrait en Allemagne"
Mozart "d'aprés un portrait en Allemagne"
(Mozart "based on a portrait in Germany")
Aquatinta-Stich, Paris 1805/1806
Platte: 24,5 x 18,8 cm
Salzburg, ISM, Mozart-Museen & Archiv

Quenedeys Porträt „d'aprés un portrait en Allemagne" soll die Wiedergabe eines Bildnisses „in Deutschland" sein. O. E. Deutsch glaubte an ein um 1770 gemaltes Porträt des 14-jährigen Mozart, wofür die Gesichtszüge aber nicht jung genug sind. Da sich der Grafiker und Miniaturmaler Quenedey in den Jahren 1796–1801 auf Reisen, vornehmlich in Hamburg, aufhielt, nimmt R. Fuchshuber eine Hamburger Ölminiatur als Vorlage an, die er Quenedey zuschreibt. Dieser ging 1801 wieder nach Paris und muss nach Angaben auf dem Stich diesen zwischen 1805 und 1808 gefertigt haben, etwa 1806 zu Mozarts 50. Geburtstag. 1810 erschien das Blatt auch in der „Histoire d'Allemagne".

58 Christian Leopold Bode (1831–1906)

„W. A. Mozart als Knabe von 14 Jahren“,
nach dem Kupferstich von Sichling
“W. A. Mozart as a boy of 14 years”,
based on the copper engraving by Sichling
Öl auf Leinen, 1859, 80 x 71 cm
Salzburg, ISM, Mozart-Museen & Archiv

Leopold Bode aus Offenbach am Main malte für den Musikhändler C. A. André ein Mozart-Porträt, das sich an den Stich von Sichling anlehnt (Kat. 59), der wiederum ein Detail des in Verona 1770 gemalten Porträts (Kat. 6) zeigt. Doch hat sich der weiche, beinahe „nazarenische“ Ausdruck des Gesichts hier von den herben Gesichtszügen des „Mozart in Verona“ weit entfernt. Auf der Rückseite teilt eine alte Beschriftung mit: „W. A. Mozart als Knabe von 14 Jahren, gemalt von Leopold Bode nach einem Kupferstich des C. A. André Mozart=Cabinet, welch letztrer nach dem im Besitz von Sonnleittner in Wien befintlichen Original=Oehl=Gemälde angefertigt ist.“ Nach testamentarischer Verfügung kam das Porträt 1887 vom „Mozart-Cabinett“ der Frankfurter André-Filiale in die Stiftung Mozarteum. Mindestens zwei weitere Fassungen dieses Motivs in Privatbesitz sind bekannt.

59 Lazarus Gottlieb Sichling (1812–1863)

„W. A. MOZART“,
Ausschnitt nach Mozart in Verona
“W. A. MOZART”,
detail based on Mozart in Verona
Kupferstich, Leipzig 1857
Platte: 16,4 x 12,8 cm
Salzburg, ISM, Mozart-Museen & Archiv

Schon 1857 wird der von Leopold von Sonnleithner initiierte Kupferstich dem „Dommusik-Verein und Mozarteum“ durch den Eigentümer des Gemäldes zugesandt. Erst im Jahr zuvor war das authentische Ölgemälde „Mozart in Verona“ (Kat. 6) in Verona aufgefunden worden. Von diesem Bildnis nahm der bekannte Porträtstecher Sichling jedoch nur einen Ausschnitt. Es ist ein an den Rändern verlaufendes Brustbild des 14-Jährigen, das weite Verbreitung fand. Zum Beispiel wird es in der wegweisenden Mozart-Biografie von Otto Jahn wiedergegeben.

60 Johann Nepomuk della Croce (1736–1819)?

Großes Familienbild
Large family portrait of the Mozarts
Öl auf Leinen, Salzburg,
zwischen Spätherbst 1780 und Sommer 1781
140,4 x 187,6 cm
Salzburg, ISM, Mozart-Museen & Archiv

Als bürgerliches Familienporträt sucht dieses Bild durch seine enorme Größe von beinahe zwei Metern Länge seinesgleichen (nur wenige Jahre später entstand das ebenfalls querformatige, in der Größe vergleichbare Ölbild „Goethe in der Campagna" von J. H. W. Tischbein). Zu sehen sind der Vater mit Violine und Violinschule sowie die Geschwister Mozart am Cembalo. Das ovale Bild an der Wand erinnert an die bereits 1778 in Paris verstorbene Mutter. Das Gemälde ist in den Phasen seiner Entstehung von allen authentischen Mozart-Porträts am besten dokumentiert. In den Briefen werden Malsitzungen an der Jahreswende 1780/81 und im Frühjahr 1781 erwähnt. Auf dem Notenpult liegt eine handschriftliche Ausgabe einer Komposition für Klavier zu vier Händen. Schon 1772 berichtet ein Franzose, dass er in Salzburg Mozart und seine Schwester zusammen am Cembalo gehört habe. In der vierhändigen Besetzung kennt nur die frühe Komposition KV 19d das Überschlagen der Hände, wie dies auf dem großen Familienbild zu sehen ist. Eine Analyse der Noten zeigt jedoch, dass diese Komposition nicht angedeutet wird. Seit 1856 wird das zunächst als anonym betrachtete große Familienbild dem zeitweise in Salzburg tätigen Maler Johann Nepomuk della Croce zugeschrieben, obwohl die Zuschreibung, wie Dieter Goerge an einer Grafik von Höfel (Kat. 63) nachweisen konnte, höchst problematisch ist.

61 Barbara Krafft (1764–1825)

Brustbild Mozart
Bust-portrait of Mozart
Öl auf Leinen 1818/1819,
nicht signiert, doubliert
54 x 44 cm
Wien, Sammlungen der Gesellschaft der Musikfreunde in Wien, *Portraitgalerie Mozart 2*

Gemalt im Auftrag Joseph Sonnleithners für seine *Portraitgalerie*, die zum Grundstock für die Porträtgalerie der Gesellschaft der Musikfreunde in Wien wurde. Wie Mozarts Schwester, Maria Anna von Berchtold zu Sonnenburg, am 2. Juli 1819 an Sonnleithner schrieb, dienten als Vorlage das „Familien gemählte da er 22 jahr alt ware“ und das „Miniatur gemählte wo er 26 jahr ware“, also das (fälschlich?) Johann Nepomuk della Croce zugeschriebene Familienbild von 1780/81 und die von Mozart 1783 nach Salzburg gesandte Pastell-Miniatur, die heute verschollen ist. Als Barbara Krafft bei einem Besuch bei Mozarts Schwester, so diese an Sonnleithner, „das miniatur gemählte gegen dem im Familienbild hielt, und betrachtete, so sagte sie, beyde wären ganz ähnlich, nur daß das kleine etwas älter aussieht, und weil dieß in profil gemahlen, sonst sind die Liniamenten, und die Farbe ganz gleich, sie will also die copie von dem Familien Gemählte nehmen, und nur die linien von dem kleinen bild hinein bringen, wodurch es etwas älter aussieht, als in grossen bild“.

OB

62 **Franz Seraph Hanfstaengl (1804–1877)?, nach Cornelius (Umkreis)?**

„Familie Mozart“ für Nissens „Biographie W. A. Mozart's“ (1828)
"The Mozart Family" for Nissen's "Biography of W. A. Mozart" (1828)
Lithografie, München 1828, „gedr.[uckt] v. Jos.[eph] Lacroix in München“, 34 x 32,5 cm
Salzburg, ISM, Mozart-Museen & Archiv

Die Grafik gibt das „Große Familienbild“ getreu wieder. Es ist das früheste von einer Reihe ähnlicher Blätter (Höfel und Leybold, Kat. 63, 64). Da das zuerst bei Mozarts Schwester befindliche Familienbild (Kat. 60) sehr große Ausmaße besitzt und sicher nicht auf eine Reise nach München geschickt werden konnte, diente eine verkleinerte Kopie als Vorlage für den dort in der Steindruckerei von Joseph Lacroix 1828 gedruckten Stich. Er befindet sich in der Mozart-Biografie Nissens, ist aber so groß, dass er im Buch mehrfach geknickt werden muss und oft nicht eingebunden wurde. Viele Exemplare der Mozart-Biografie besitzen die Lithografie des Familienbilds daher gar nicht mehr.

63 **Blasius Höfel (1792–1863)**

„W. A. Mozart“, nach dem Familienbild
"W. A. Mozart", based on the family portrait
Stahlstich, Salzburg 1855/1856
Platte: 43,5 x 51 cm
Salzburg, Universitätsbibliothek, G 272 IV

Blasius Höfel nennt seinen Stahlstich „W. A. Mozart“ und setzt darunter „SEINEN VEREHRERN ZU DESSEN HUNDERTJÄHRIGER GEBURTSFEIER ...“. Es ist die erste bekannte Arbeit, die den Künstler des Familienbildes mit „Gemahlt von La Croce in Salzburg“ angibt. Dieter Goerge vermutet, dass Höfel über die Bezeichnung „Lacroix“ für den Drucker der Lithografie von 1828 (Kat. 62) auf den in Salzburg tätigen Künstler Johann Nepomuk della Croce gekommen ist, ohne dass ein neuer Anhaltspunkt dafür gegeben war, ihn als Künstler des Familienbilds anzunehmen.

64 Eduard Friedrich Leybold (1798–1879)

„Familie Mozart“, Erinnerungsblatt an das Mozart-Säkularfest 1856
“The Mozart Family”, commemorative leaflet from the festival celebrating Mozart’s 100th birthday in 1856
Lithografie, koloriert, Salzburg 1856
22 x 38,5 cm
Salzburg, ISM, Mozart-Museen & Archiv

Diese bei Gregor Baldi in Salzburg herausgebrachte, hier kolorierte Lithografie erschien im selben Jahr wie der Stahlstich von Höfel (Kat. 63). Vorlage für diesen Druck war nicht das „Große Familienbild“, sondern eine Kopie danach aus dem Besitz von Alois Taux, dem damaligen Direktor des Mozarteums. Trotzdem sind die Feinheiten des Originalgemäldes sehr gut getroffen. Nur die Originalfarben wurden vom Koloristen frei interpretiert.

65 Eusebius Johann Alphen (1741–1772)?

Kinder-Doppelporträt als Brosche
Double child-portrait as a brooch
Miniaturmalerei auf Elfenbein, angeblich ca. 1766
Innenmaß: 3,4 x 4 cm
Salzburg, ISM, Mozart-Museen & Archiv

Das kleine Doppelporträt ist als Brosche montiert und stammt aus dem Vorbesitz der Salzburgerin Elise Tomaselli, geb. Leitner (1854–1928), die es als „vererbtes unmittelbares Geschenk" erhalten haben will. Einen eindeutigen Hinweis, dass es sich um Mozart und seine Schwester handelt, gibt es nicht. Der Altersunterschied der beiden Porträtierten könnte darauf hindeuten. Die in der Hand gehaltene Stimme erinnert an die Darstellung von Nannerl auf den Aquarellen von Carmontelle. Mehrere Begegnungen der Familie Mozart mit Alphen sind während der Jahre 1763, 1766 und um 1768 überliefert. Leopold lobt ihn als „trefflichen Migniatur mahler". Alphen wird schon von Herrmann Abert als möglicher Künstler dieser Miniatur vermutet.

66 Anonym

Knabe (Mozart?) beim Spiel auf einem Tasteninstrument, vor sich ein Notenblatt
Boy (Mozart?) playing a keyboard instrument, with a sheet of music before him
Pastell auf Pergament, nach der Überlieferung 1763
51,5 x 44,5 cm
Wien, Sammlungen der Gesellschaft der Musikfreunde in Wien, Bi 2203

Angekauft 2001 im Wiener Auktionshaus Dorotheum. Vormals im Besitz der Friseurs-Familie Freiberger aus Wasserburg am Inn, wo die Familie Mozart am Beginn ihrer Europa-Reise 1763 eine Reisestation gemacht hatte. Der sie damals begleitende Diener Sebastian Winter, der auch gezeichnet hat, zählte nach der Freiberger'schen Familientradition zu dieser Familie. Die erkennbaren Noten weisen auf eine Menuett-Komposition. Nach Leopold Mozarts Aufzeichnungen ist die große Mehrzahl der von Mozart in Kindesjahren komponierten Menuette verloren. Eine Identifizierung oder Authentifizierung über die offensichtlich musikalisch sinnvoll wiedergegebenen Noten kann daher nicht zielführend sein.

OB

67 Anonym

Knabe mit dem Vogelnest
Boy with the bird nest
Öl auf Leinen, angeblich 1764
80 x 60 cm
Salzburg, ISM, Mozart-Museen & Archiv

Der „Knabe mit dem Vogelnest“ befand sich 1836 in England bei einem Domherrn an der Kathedrale von Norwich in der Grafschaft Norfolk. Später ging das Bildnis an Percy Moore Turner, der 1906 hiervon eine Radierung anfertigen ließ (Kat. 68). Der Knabe hält ein Vogelnest mit ausgeschlüpften Küken in der Hand, was ein ungewöhnliches Attribut für einen Komponisten und Pianisten darstellt. Als Maler stand schon 1902 der in Regensburg ausgebildete, später in England tätige Maler Johan Zoffany (1733–1810) im Raum, weil dieser in der Korrespondenz der Mozarts aus England erwähnt wird. Experten bezweifeln diese Zuschreibung sehr. Es ist nicht einmal gesichert, ob Mozart dargestellt wird. Angeblich habe auf dem Buch die Beschriftung: „W. A. MOZART. 1764“ gestanden. Das von der Stiftung Mozarteum von Turner 1924/25 angekaufte Jugendbildnis wurde 1928 professionell restauriert und von „störenden Malereien“ befreit. Heute ist keine Beschriftung eindeutig zu erkennen; auch nicht „W. A. MOZART“. Es bleibt mehr als fraglich, ob sich dieser Schriftzug jemals darauf befand. Es kann sich also um die Arbeit eines weniger bedeutenden britischen Malers handeln, der ein adeliges Kind darstellte.

68 Charles Schuetz (Anfang 20. Jhdt.)

(rechte Seite)

Radierung nach dem Knabenbild mit dem Vogelnest
Etching based on the boyhood portrait with the bird nest
Radierung, Paris 1906, Platte: 30,7 x 25,4 cm
Wien, Wien Museum, Inv. Nr. 32271

Die in Paris entstandene Radierung wurde durch den Londoner Kunsthändler Percy Moore Turner beauftragt, dem das Zoffany zugeschriebene Originalbild damals gehörte. Sie gibt das Porträt (Kat. 67) detailgenau wieder, allerdings (vor allem für das Gesicht) noch den Zustand vor späteren Restaurierungen. So ist die Radierung selbst ein Dokument. Der Tradition nach soll auf dem Gemälde rechts unten auf dem Buch zu lesen gewesen sein: „W. A. MOZART. 1764“. Schuetz hat das genauso übertragen.

69 Giandomenico Cignaroli (1722–1793)?
(linke Seite)

Junger Mann (Mozart?) mit Violine und Bogen
Young man (Mozart?) with a violin and a bow
Öl auf Leinen, 1771, 53 x 39 cm, Trento, Privatbesitz

Giandomenico Cignaroli zeigt einen jungen Herrn auf einem Holzstuhl vor einem Tisch sitzend, in seiner Hand eine Violine. Die Kleidung eines weiten Hausmantels ist leger und weniger formell als auf dem Bild „Mozart in Verona", das ein Jahr früher gemalt wurde, übrigens auch von einem Vertreter der Malerfamilie Cignaroli (Kat. 6). Bestechend ist die feine Ausführung, erkennbar an der Oberfläche der gewölbten Violine oder dem Stoff des feinen Hausmantels. Selbst der blau schimmernde Ring, vielleicht als Verweis auf Mozart gemeint, ist genau erkennbar. Die Violine dürfte ein süddeutsch-österreichisches Instrument mit hoher Wölbung sein, das in Italien kein Standard war. Der Bogen stellt schon den modernen Schraubfroschbogen dar, wie er in Leopold Mozarts „Violinschule" (1756) beschrieben wird. Der Musikus ist also modernst ausgestattet und wird als Geigenvirtuose gezeigt. Das Gemälde wurde erstmals zum Mozart-Jahr 2006 in Riva del Garda öffentlich präsentiert.

70 Franz Thaddäus Helbling (1737–nach 1783)

Junger Mann (Carl Graf Firmian) am Cembalo
Young man (Count Carl Firmian) at the harpsichord
Öl auf Leinen, nach 1780 (1782?), 89 x 73 cm
Salzburg, ISM, Mozart-Museen & Archiv

Wie kaum ein anderes Bild zeigt dieses weit verbreitete, lange Zeit als Mozart-Bild geltende Porträt, wie der Betrachter Täuschungen unterliegen kann. Es präsentiert einen jungen Musiker am Cembalo, der sich gerade (vgl. Kat. 6) dem Betrachter zugewendet hat. Der Name des Malers ist am Ende der fein gezeichneten Klaviernoten zu erkennen. Allerdings wird nirgends angemerkt, wen der Porträtierte darstellen soll. Da das Gemälde von einem Besitzer des Mozart-Geburtshauses 1858 gekauft wurde und weil es einen jungen Musiker zeigt, hat man geschlossen, nur Mozart könne dargestellt sein, und zwar um 1767/68. Vor allem Alfred Einstein war davon überzeugt. Tatsächlich ist aber Carl Maximilian Leopold Graf Firmian zu sehen, der erst 1770 geboren wurde. Musikalisch ist der „Marsch Adagio" auf dem Notenpult (KV Anh. C 29.51) zu identifizieren, der nun sicher nicht von Mozart stammt, obwohl den jungen Mozart solche Märsche interessiert haben.

71 Anonym

Junger Mann (Mozart?) mit dem Diamantring
Young man (Mozart?) with the diamond ring
Öl auf Leinen, angeblich zwischen 1773 und 1775
90 x 65 cm
Salzburg, ISM, Mozart-Museen & Archiv

1902 berichtet der pensionierte Bezirkshauptmann Johann Nepomuk von Helmreichen zu Brunnfeld, dass sein Großvater Johann Wenzel von Helmreich (1722–1803) dieses Ölbild besessen und als Mozart-Porträt erachtet habe. Letzterer war von 1753–1771 als Pfleger, also als hoher fürsterzbischöflicher Beamter, in Lofer im Pinzgau tätig. Dort trafen die Mozarts am 13. Dezember 1769 von Salzburg kommend auf dem Weg nach Italien ein und übernachteten. Wie das erst nach 1769 gemalte Bild in den Besitz des Pflegers gelangt ist, ist nicht bekannt. Der Porträtierte trägt angeblich den seit 1945 vermissten Diamantring Mozarts. Allerdings ist das Ölbild weder signiert oder datiert, noch ist ein Hinweis auf Mozart erkennbar.

72 Anonym

Junger Mann (Mozart?) mit einem Buch in der Hand
Young man (Mozart?) with a book in his hand
Gouache-Tempera auf Pergament,
spätes 18. Jahrhundert, 15,3 x 10,4 cm
Wien, Wien Museum, Inv. Nr. 158882

Die kleine, 1977 angekaufte Gouache-Tempera ist schon mehrfach als fragliches Mozart-Porträt ausgestellt worden, erstmals 1937. Ausgangspunkt waren als Kriterien jeweils eine angebliche Nähe des Gesichts zum „Großen Familienbild" von 1780/81 (Kat. 60), sowie das gestürzte Monogramm „A. M.", das auf dem Buch zu erkennen ist und „Amadeus Mozart" bedeuten könnte. Bei näherer Untersuchung hat sich aber kein wirklicher Bezug zu Mozart ermitteln lassen. Somit wird auch eine Künstlerzuweisung an Johann Nepomuk della Croce als Maler des Kopfes hinfällig. Schon der Vorbesitzer Dr. Erich Fiala (1910–1978), der das Bild als Mozart-Porträt propagierte, sah sich zeitlebens kritischen Stimmen ausgesetzt.

73 Anonym

Brustbild im Profil (Vorbesitz Tilgner)
Bust-portrait in profile (prior possession Tilgner)
Pastell auf Pergament, nicht vor 19. Jhdt.
43,5 x 33,5 cm, Schweiz, Privatbesitz

Das Pastell erregte 1892, als der bekannte Wiener Bildhauer Viktor Tilgner (1844–1896) es in Salzburg erworben haben will, großes Aufsehen, da es mit dem bekannten Porträttyp von Posch, Mansfeld und auch Stock recht gut übereinstimmt. Irritierend ist das für die Echtheit hergenommene Monogramm „W. M. 1786" mit Violinschlüssel, das nicht auf den Künstler weisen soll, sondern auf „Wolfgang Mozart". Tilgner arbeitete bis zu seinem Tode an der Vollendung des Wiener Mozart-Denkmals (1896). Unbekannte Mozart-Porträts werden ihm für seine Arbeit willkommen gewesen sein. Das Pastell tauchte, nachdem es schon für verschollen gehalten wurde, erst 1979 wieder auf dem Kunstmarkt auf.

74 Anonym

Mozart, Brustbild im Profil
Mozart, bust-portrait in profile
Öl auf Leinen, unsigniert, 55,7 x 44,5 cm
Wien, Sammlungen der Gesellschaft der Musikfreunde in Wien, *Portraitgalerie Mozart 1*

In Joseph Sonnleithners *Portraitgalerie*, die 1830 an die Gesellschaft der Musikfreunde verkauft und zum Grundstock von deren Porträtgalerie wurde, war Mozart als einziger Komponist mit zwei Porträts vertreten. Dieses ist das ältere. Es ist nicht signiert, auch in der Auflistung der Gemälde für den Verkauf ist kein Maler genannt. Jüngst durchgeführte mal- und materialtechnische Untersuchungen bestätigen eine Entstehung um 1800. OB

75 Matthias Klotz (1747–1821)?

Brustbild (Mozart?) im Dreiviertelprofil (Vorbesitz Heymann)
Bust-portrait (Mozart?) in three-quarter-view (prior possession Heymann)
Bleistiftzeichnung, signiert „M. Klotz“, angeblich München 1780, 18,5 x 14,7 cm
Wien, Wien Museum, Inv. Nr. 221158

Die 1933 von Robert Haas publizierte Zeichnung zeigt einen zum Betrachter gewendeten Mann, dessen Ausdruck und Gesichtszüge nicht idealisiert erscheinen. Ob es sich um Mozart handelt, ist kaum noch zu klären, da das mit „M. Klotz“ signierte Blatt keinen Hinweis auf den Dargestellten gibt. Immerhin dürfte es von Matthias Klotz, Porträtist und Theatermaler am Kurfürstlichen Hof in München, stammen, dessen Söhne sich ebenfalls der Bildenden Kunst zuwandten. Dass Mozart während der Proben zum *Idomeneo* 1780/81 Matthias Klotz kennenlernen konnte, scheint durchaus wahrscheinlich. Das Blatt war bis 1937 im Besitz von Dr. August Heymann (1857–1937), dessen Sammlung sich heute zu großen Teilen im Wien Museum befindet.

76 Anonym

Brustbild (Mozart?) im Profil (Vorbesitz Graimberg)
Bust-portrait (Mozart?) in profile (prior possession Graimberg)
Bleistiftzeichnung, angeblich Frankfurt 1790
Blatt: 21 x 17,7 cm
Salzburg, ISM, Bibliotheca Mozartiana

Dieses Blatt ohne eine Bezeichnung wurde 1991 in Oxford präsentiert. Die Vermutung, es handle sich um Mozart, stammt offenbar von einem Frankfurter Kunsthändler, bei dem es der Sammler und Kunsthändler Albi Rosen-thal (1914–2004) in den frühen 1970er-Jahren gekauft hat. Die Zeichnung stammt wohl aus der renommierten Sammlung des Grafen Charles de Graimberg (1774–1864), die größtenteils in den Bestand des Kurpfälzischen Museums Heidelberg einging. Einige Stücke blieben bis in die 1960er-Jahre in der Familie. Die Zeichnung wurde auf dem Heidelberger Schloss nicht oder zumindest nicht als Mozart-Porträt gezeigt. Graimberg und Mozart können sich nicht begegnet sein; und das Bildnis kann nach Auskuft von Anja-Maria Roth auch kein Porträt von Graimberg selbst sein.

77 Anonym

Mozart. Büste aus Biskuit-Porzellan
Mozart, bust in bisque porcelain
Porzellanbüste, traditionell um 1790 datiert
Höhe mit Sockel: 46,5 cm
Wien, Sammlungen der Gesellschaft der Musikfreunde in Wien, Büsten Mozart 5

Die Büste ist erstmals im Besitz des Komponisten Ignaz Brüll (1846–1907) nachweisbar. Danach gelangte sie in Erbfolge innerhalb der Familie über Robert und Marie Breuer an Robert Hupka, der sie 1985 als Geschenk an die Sammlungen der Gesellschaft der Musikfreunde weitergab. OB

78 Anonym

Schattenriss eines jungen Mannes (Vorbesitz Tomaselli)
Silhouette of a young man (prior possession Tomaselli)
Schattenriss-Porträt, Tusche auf Papier
Papier: Lengfelden bei Salzburg, nach 1808
Blatt: 19,5 x 13,3 cm
Salzburg, ISM, Mozart-Museen & Archiv

Das kleine Blatt aus Salzburger Privatbesitz wurde 1911 der Stiftung Mozarteum geschenkt. Es wird von mehreren Schattenriss-Porträts berichtet, die den jungen Mozart zeigen sollen. Das Blatt ist auf Salzburger Papier der Papiermühle Franz Hofmann aus Lengfelden bei Salzburg gezeichnet worden, das aber nach Untersuchung des Wasserzeichens durch Eva Neumayr, Salzburg, frühestens 1809, wahrscheinlich aber erst danach, produziert worden sein kann. Bei dem Blatt handelt es sich mit Sicherheit nicht um ein zeitgenössisches Mozart-Porträt; jemand anderer könnte auch dargestellt sein.

79 **Anonym**

Scherenschnitt auf Kupferstich-Rahmung (mit verschlungenen Ringen)
Paper-cutting on copper-engraving-frame (with intertwined rings)
Scherenschnitt, geklebt, mit Kupferstich-Radierung, Wien (?), spätes 18. Jahrhundert (?)
Bildausschnitt: 16,3 x 10,3 cm; Blatt: 18,2 x 11,9 cm
Salzburg, ISM, Mozart-Museen & Archiv

Kat. 79 und 80 zeigen zwei aufgeklebte Scherenschnitte, jeweils in einem Kupferstich-Rahmen. Verdächtig ist, dass die Profilbilder aufgeklebt sind, sogar Randzeichnungen zum Einpassen sind zu erkennen. In Prag sind Scherenschnitte bekannt, die dieselbe Rahmenform wie das Salzburger Blatt verwenden, um in ihr Porträts anderer Berühmtheiten einzufassen. Als berüchtigt gelten die vielen Fälschungen des vorrangig in Böhmen tätigen Österreichers Joseph Kuderna, der damit selbst gestandene Kunstkenner zu betrügen vermochte. Die Silhouetten von Bossler und Löschenkohl (Kat. 11, 12) wurden nie geklebt; es sind Kupferstiche.

80 **Anonym**

Scherenschnitt auf Kupferstich-Rahmung (mit Putten)
Paper-cutting on copper-engraving-frame (with putti)
Scherenschnitt, geklebt, mit Kupferstich-Radierung, Wien (?), spätes 18. Jahrhundert (?)
Platte: 21,2 x 13 cm
Wien, Wien Museum, Inv. Nr. 74204

Auf einen Kupferstich-Rahmen ist wie bei Kat. 79 ein Scherenschnitt aufgeklebt. Das freigelassene Feld unten wird mit der sehr sauberen handschriftlichen Bezeichnung „W. A. Mozart“ ausgefüllt. Obwohl die Anmutung des Blattes historisch ist, kann es sich auch hier um eine Fälschung handeln. Die Art des Schriftzugs „W. A. Mozart“ lässt das möglich erscheinen. Das Blatt stammt aus dem Artaria-Verlags-Archiv. Dies deutet zumindest darauf hin, dass es sich schon vor 1900 in Wien befand.

81 Rudolf von Alt (1812–1905)

„MOZART'S ZIMMER auf dem Kahlenberge"
"MOZART'S ROOM on the Kahlenberge"
Farblithografie, Wien 1855/56
44 x 61,7 cm
Wien, Wien Museum, Inv. Nr. 65657

Die Lithografie geht auf ein Aquarell von Rudolf von Alt zurück. Detailreich zeigt dieser eine Fantasieszene, wie Mozart in Josephsdorf auf dem Kahlenberg im Casino in einem der Häuser der ehemaligen Kamaldulenser-Eremitage Teile der *Zauberflöte* komponiert haben soll. Der Blick aus dem Fenster reicht vom Wienerwald bis in die Innere Stadt Wien. Das Blatt steht für die in der zweiten Hälfte des 19. Jahrhunderts aufkommende Mode, anekdotische Szenen aus Mozarts Leben zu illustrieren.

Nach der Natur gez u. lithograph von R Vieux

DAS MOZART-ZI

Mit Allerhöchsten Privilegium

Zu haben bei den Kunst-Verläge

gedr. in der Drukerey.

aufdem KAHLENBERGE

mit Vorbehalt gegen Nachdruk.

& Comp. in Gaunersdorf

82 Pseudonym R. Vieux

(S. 128/129)

„DAS MOZART-ZIMMER auf dem KAHLENBERGE“
“THE MOZARTROOM on the Kahlenberg”
Aquarell, ca. 1858
Darstellung: 22 x 48 cm
Wien, Wien Museum, Inv. Nr. 63423

„R. Vieux“ ist offensichtlich eine französische Verballhornung des Namens „R[udolf] Alt“. Der seinerzeit prominente, später geadelte Wiener Künstler Rudolf von Alt, berühmt für seine lichtdurchfluteten Interieurs, hatte im Mozart-Gedenkjahr 1856 eine Farblithografie des komponierenden Mozart in einem ehemals den Kamaldulensern gehörenden Anwesen auf dem Kahlenberg gestaltet (Kat. 81). Der oder die Künstler, die dem Freundeskreis von Alt entstammen dürften, nehmen darauf Bezug und zeigen das Kahlenberg-Zimmer verwahrlost, mit Grafitti beschmiert und mit herausgefallenem Fenster. Die Darstellung Mozarts, in ganzer Figur, ist rechts nur durch den roten „Rock“ angedeutet; sein Kopf ist durch den Balken verdeckt, weil der Türstock für ihn zu niedrig ist. Unten wird, wie für Druckgrafiken üblich, der Zustand des Zimmers als „Nach der Natur gez.[eichnet]“ beschrieben. Unten rechts ist zu lesen: „Zu haben bei dem Kunst-Verläger Malaria e Comp. in Gaunersdorf“.

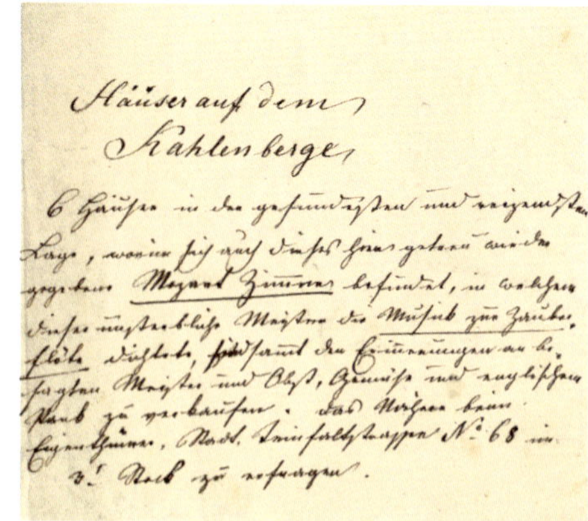

Häuser auf dem
Kahlenberge,
6 Häuser in der gesündesten und reizendsten
Lage, worin sich auch dieses hier getreu wieder
gegebene Mozart Zimmer befindet, in welchem
dieser unsterbliche Meister die Musik zur Zauberflöte dichtete, sind sammt den Einrichtungen an [illegible]
[illegible] Meister und Obst, Gemüse und englischem
[illegible] zu verkaufen. Das Nähere beim
Eigenthümer, [illegible] No 68 im
3t Stock zu erfragen.

Der Künstler suggeriert zwar, dass man das Blatt in „Gaunersdorf“ kaufen könne, spielt damit aber auf die traditionsreiche Musik- und Kunsthandlung Artaria & Comp. am Wiener Kohlmarkt an, die die vermutlich sehr teure Farblithografie von Alt verkauft haben wird. Eine weitere Erklärung zum Blatt findet sich rechts auf einem angeklebten Zettel. Dass von dem fein ausgeführten Aquarell von „Vieux“ eine Lithografie erschien, ist sehr unwahrscheinlich. Das Ganze scheint ein Scherz unter Freunden gewesen zu sein. Unter den auf der Wand genannten Namen finden sich einige, die sich als Künstler-Zeitgenossen aus der Generation von Alt bestimmen lassen. Die jüngste Datierungsangabe auf dem Blatt stammt von 1858.

83 Ludwig von Schwanthaler (1802–1848)

Modell zum Mozart-Denkmal in Salzburg
Model for the Mozart-monument in Salzburg
Holz, bemalter Gips sowie gefärbtes Wachs, 1841
107,5 x 29,8 cm
Salzburg, Salzburg Museum, Inv. Nr. 601/25=5178/49

Unter großen finanziellen Hürden wurde über sieben Jahre lang für ein großes Mozart-Denkmal in Salzburg gesammelt, das am 4. September 1842 im Rahmen einer großen Feier enthüllt werden konnte. Schwanthaler, der später die monumentale „Bavaria“ auf der Münchener Theresienwiese gestaltete, hatte den Auftrag, es zu entwerfen. Das verkleinerte Modell entstand also kurz vor Errichtung des Monuments. Das Salzburger Objekt ist das älteste der Modelle, die vom Mozart-Denkmal bekannt sind.

„Mozart magnus corpore parvus"

Eine Quellensammlung zu Mozarts Erscheinung

Mozart als Kind

Johann Wolfgang von Goethe, 1763
Deutsch-Dokumente, S. 470.
Mozarts Vater Leopold, 1762
Leopold Mozart, 19. Oktober 1762. In: Bauer/Deutsch 1, Nr. 35.
Friedrich Melchior von Grimm, 1763
Deutsch-Dokumente, S. 27.
Daines Barrington, 1764/65 (1771)
Deutsch-Dokumente, S. 89.
Franz Xaver Niemetschek, 1798
Franz Niemetschek: Leben des K. K. Kapellmeisters Wolfgang Gottlieb Mozart. Prag 1798, S. 44 und 10.
Georg Nikolaus Nissen, posthum 1828
Nissen 1828, S. 623.

Mozarts Körper

Mozart, am 2. Oktober 1782
Mozart an Martha Elisabeth von Waldstätten, 2. Oktober 1782. In: Bauer/Deutsch 8, Nr. 697 (vgl. auch Bauer/Deutsch 3, S. 697)
Georg Nikolaus Nissen, posthum 1828
Nissen 1828, S. 622f.
Michael Kelly, 1780er-Jahre
Deutsch-Dokumente, S. 454.
Mozarts Schwester Nannerl, 1792
Maria Anna von Berchtold zu Sonnenburg, Aufzeichnungen für Friedrich Schlichtegroll, ca. April 1792. Bauer/Deutsch 4, Nr. 1212.

Genie und Physiognomie

Franz Xaver Niemetschek, 1798
Niemetschek 1798, S. 44f.
Mozarts Schwester Nannerl, 1804
Maria Anna von Berchtold zu Sonnenburg, 4. Jänner 1804. In: Bauer/Deutsch 4, Nr. 1364.
Mozarts Schwägerin Sophie Haibel, 1828
Nissen 1828, S. 627

Augen und Nase

Johann Nepomuk Hummel, 1789
Deutsch-Dokumente, S. 452.
Georg Nikolaus Nissen, posthum 1828
Nissen 1828, S. 622f.
Franz Xaver Niemetschek, 1798
Niemetschek 1798, S. 44.
Daniel Friedrich Parthey, Prag 1787–1791
Gustav Parthey: Jugenderinnerungen. Handschrift für Freunde. Berlin 1871. Neu herausgegeben (getreu dem Original) und mit einer Einleitung sowie Anmerkungen versehen von Ernst Friedel. 2 Bde. Berlin 1907, Bd. 2, S. 123.
Ludwig Tieck, 1789
Deutsch-Dokumente, S. 476f.
Luigi Bassi, 1787 (nach Stendhal, 1824)
Eisen-Dokumente, S. 89.

Hände

Franz Xaver Niemetschek, 1798
Niemetschek 1798, S. 44.
Joseph Frank, 1780er-Jahre
Deutsch-Dokumente, S. 476.
Mozarts Schwägerin Sophie Haibel, 1828
Nissen 1828, S 627f.
Ludwig van Beethoven, 1824
Eibl-Dokumente, S. 95 (nach Schlichtegroll).

Kränkliches Aussehen

Jean-Baptiste-Antoine Suard, 1804
Deutsch-Dokumente, S. 428.
Mozarts Schwester Nannerl, 1819
Maria Anna von Berchtold zu Sonnenburg, 2. Juli 1819 In: Bauer/Deutsch 4, Nr. 1391.

Kleidung und Schuhe

Mozart an Martha Elisabeth von Waldstätten, 1782
Mozart an Martha Elisabeth von Waldstätten, 28. September 1782. In: Bauer/Deutsch 3, Nr. 696.
Georg Nikolaus Nissen, posthum 1828
Nissen 1828, S. 692f.

Muzio Clementi, 1782 (nach Berger 1829)
Deutsch-Dokumente, S. 464.
Michael Kelly, April 1785
Deutsch-Dokumente, S. 457, (Orchesterprobe *Le nozze di Figaro*).
Friedrich Rochlitz, 1798, Friedrich Rochlitz: Anekdoten aus Mozarts Leben. In: Leipziger Allgemeine Musikalische Zeitung 1 (1798), Nr. 6 (7. November 1798), Sp. 85.

Ringe

Mozarts Vater Leopold, 1766
Leopold Mozart, 10. November 1766.
In: Bauer/Deutsch 1, Nr. 112.
Mozarts Schwester Nannerl, 1792
Maria Anna von Berchtold zu Sonnenburg,
Aufzeichnungen für Friedrich Schlichtegroll, ca. April 1792.
In: Bauer/Deutsch 4, Nr. 1212.

Mozart und die Bildende Kunst

Mozart über sich, 1777
Mozart an seinen Vater, 8. November 1777.
In: Bauer/Deutsch 2, Nr. 366.
Constanze über die Porträtierung Mozarts, 1799
Constanze Mozart vor dem 26. Jänner 1799.
In Bauer/Deutsch 4, Nr. 1233.
Mary Novello nach Gesprächen mit Constanze, 1829
Deutsch-Dokumente, S. 461.
Vincent Novello nach Gesprächen mit Constanze, 1829
Deutsch-Dokumente, S. 461.
Ein Rezensent aus Speyer, 1792
Eisen-Dokumente, S. 79.

Cliff Eisen
Looking at Mozart

1 Anthony Earl of Shaftesbury: Characteristiks of Men, Manners, Opinions, Times. 1. London, 1732, S. 144–145; P. P. Howe (Hg.): The Complete Works of William Hazlitt. 18. London 1933, S. 74–75. For both, see also Nadia Tscherny: "Likeness in Early Romantic Portraiture". In: Art Journal 46/3 (Autumn 1987), S. 193.

2 „Es ist eine nicht erkannte, aber gewisse Wahrheit, daß unter allen Gegenständen, die das Auge reizen, der Mensch in allen Absichten der interessanteste ist. Er ist das höchste und unbegreiflichste Wunder der Natur [...] Nichts ist also gewisser, als dieses, daß wir aus der Gestalt der Menschen, vorzüglich aus ihrer Geschichtsbildung etwas von dem erkennen, was in ihrer Seele vorgeht; wir sehen die Seele in dem Körper." Johann Georg Sulzer: Allgemeine Theorie der Schönen Künste. 3. Leipzig 1775, S. 600–601.

3 Letter of 3 April 1783: „Hier schicke ich ihnen die Münchner oper und die 2 Exemplare von meinen Sonaten! [...] auch folgen die 2 Portraits; – wünsche nur daß sie damit zufrieden seyn möchten; mir scheint sie gleichen beyde gut, und alle die es gesehen sind der nemlichen Meynung." Bauer/Deutsch 3, Nr. 736, S. 262–263.

4 „1783 schickte er mir seine portrait von Wien ganz klein in bastel." Bauer/Deutsch 4, Nr. 1364, S. 437.

5 „Die Wittwe besitzt sein Bildniss mehre Male in Oel gemalt von verschiedenen Jahren und alle auffallend ähnlich." Georg Nikolaus Nissen: Biographie W. A. Mozarts. Anhang. Leipzig 1828, S. 181.

6 Letter of 27 March 1785: „Der Madme Lang |:Weber:| Man ist ein guter Mahler und hat mich gestern Abends auf ein rothes Papier abgezeichnet, vollkommen getroffen, und sehr schön gezeichnet." Bauer/Deutsch 3, Nr. 854, S. 382.

7 „Man empfiehlt dem Mahler [...] den Personen in Zeichnung und Farbe etwas zu schmeicheln, das ist, beydes etwas zu verschönern. Wenn man damit sagen will, daß gewisse zum Charackter der Physionomie wenig beytragende, dabey eben nicht angenehme Kleinigkeiten, sollen übergangen werden, so mag der Mahler dem Rath immer folgen. Er kann sogar in dem Verhältnissen der Theile bisweilen etwas verbessern, einige Theile näher an einander, andre etwas aus einander bringen; wenn nur dadurch der wahre Geist der Physionomie, worauf hier alles ankommt, nicht verletzt wird." Sulzer 1775, S. 601.

8 Letter of 4 January 1804: "[...] auch muß ich gestehen, daß ich nicht bald so viele portraits [...] von einer Person [...] die, wenn man sie gegeneinander hält, so verschieden sind, und doch in grunde alle ihm ähnlich sind." Bauer/Deutsch 4, Nr. 1364, S. 437.

9 Edward Speyer: "Mozart at the National Gallery". In: The Burlington Magazine for Connoisseurs 28 (March 1916), S. 222; Edward Speyer: "Notes on the Iconography of Wolfgang Amadeus Mozart". In: Musical Quarterly 5/1 (1919), S. 176.

10 The Sunday Telegraph, 9 January 2005; <http://www.telegraph.co.uk/news/1480782/Lost-portrait-of-Mozart-reveals-bloated-result-of-years-of-drinking-and-womanising.html>, accessed on 22 August 2012.

11 Gertrude Stein: The Autobiography of Alice B. Toklas. New York 1990, S. 12.

Ulrich Leisinger

Mozart, der Maler

1 Vgl. auch Melanie Unseld: Mozarts Frauen. Begegnungen in Musik und Liebe. Reinbek bei Hamburg 2005.

2 Eine schwärmerische Beschreibung von Rose Cannabichs Klavierspiel findet sich in: siehe Anonym: Musikalischer und Künstler=Almanach auf das Jahr 1783. Kosmopolis 1783, S. 27f.

3 Carl Philipp Emanuel Bach: Versuch über die wahre Art das Clavier zu spielen Bd. 1. Berlin 1753, S. 132.

Gabriele Ramsauer

Mozart, der Zeichner

1 Buch und Regie: Kurt Palm (Produktion: Fischer Film Wien und Linz, 2006).

2 Vgl. auch <http://www.pm-magazin.de/a/die-wissenschaft-vom-kritzeln>, Abruf 9.10.2012

Sabine Greger

Attribute ins (Mozart-)Bild gesetzt

1 Vgl. Karoline Czerwenka-Papadopoulos: Typologie des Musikerporträts in Malerei und Graphik. Das Bildnis des Musikers ab der Renaissance bis zum Klassizismus. 2 Bde. Wien 2007.

2 Rudolph Angermüller: „L'anello, dono del Principe Fürstenberg". In: Mozart. Note di viaggio in Chiave di Violino, Ausstellungskatalog. Riva del Garda 2006. S. 102–107.

3 Johann Evangelist Engl: Katalog des Mozart-Museums im Geburts- und Wohnzimmer Mozart's zu Salzburg. Salzburg 41906, hier: S. 36 und 18.

4 Solche Porträts zeigen z. B. die Künstler Friedrich Nebel und Rudolf von Alt um die Mitte des 19. Jahrhunderts (Kat. 48, 81).

Linus Klumpner

Die „Familie Mozart" im Lichte Carmontelles – Nur die Geschichte eines Werbedrucks?

1 Joachim Rees: Louis Carmontelle. In: Allgemeines Künstlerlexikon. Die bildenden Künstler aller Zeiten und Völker 16, Leipzig 1997, S. 480.

2 Rees 1997, S. 480.

3 Martin Luther als Junker Jörg. Lucas Cranach d. Ä., 1521, 34 x 25 cm, Öl auf Leinen, Leipzig, Museum der Bildenden Künste.

4 Martin Luther als Junker Jörg. Martin Schwertel nach Lucas Cranach, 1522, Holzstich, Dresden, Sächsische Landesbibliothek – Staats- und Universitätsbibliothek Dresden.

5 Lionel Cuts: „Notes on Pictures in the Royal Collections XII – A Portrait of Martin Luther as 'Junker Jörg', by Lucas Cranach". In: The Burlington Magazine for Connoisseurs 14, Nr. 70 (Jänner 1909), S. 209.

6 Ebenda, S. 209.

7 British Museum, London; Musée Condé, Chantilly; Musée Carnavalet, Paris; zwei Exemplare in Privatbesitz, Paris; Castle Howard Collection, York. Eine Auflistung findet sich bei: Florence Gétreau: „Retour sur les portraits de Mozart au clavier. Un état de la question." In: Cordes et claviers au temps de Mozart. Actes des Rencontres Internationales Harmoniques, Bern 2010, S. 73–112.

8 Leopold Mozart führt in seiner Korrespondenz und in seinen Reisenotizen immer wieder einen Mr. De Mechel (Christian von Mechel, 1737–1817) als Kupferstecher des Carmontelle-Bildes an. Allerdings taucht kein Kupferstich mit einer Signatur des Christian von Mechel auf. Dies mag auf die Tatsache zurückzuführen sein, dass sowohl Louis Carrogis de Carmontelle als auch Baron Grimm, der mit den Mozarts einen engen Kontakt in Paris pflegte und diese wesentlich unterstützte, eng mit Jean-Baptiste Delafosse kooperierten. Vgl. Joëlle Raineau: Jean-Baptiste Delafosse. In: Allgemeines Künstlerlexikon. Die bildenden Künstler aller Zeiten und Völker 25. Leipzig 2000, S. 332. Schlussendlich dürfte der wahrscheinliche Mechel-Stich einfach mit dem Namen Delafosse etikettiert worden sein. Auch wenn sich keine kunsthistorischen Nachweise mehr erbringen lassen, die häufige Erwähnung des Namens Mechel durch Leopold Mozart, die zugleich eine Urheberschaft Mechels nahelegen, kann nicht ignoriert werden.

9 Edward Speyer: „Mozart at the National Gallery". In: The Burlington Magazine for Connoisseurs 28, Nr. 156 (März 1916), S. 216.

10 Der Verweis auf diese unter der Regie Carmontelles angefertigte Liste findet sich in der einschlägigen Literatur sehr häufig. Auch wenn die Existenz dieser höchst interessanten Liste somit gesichert scheint, war es nicht möglich, deren Verbleib zu eruieren.

11 Artikel „Louis Carrogis de Carmontelle". In: The J. Paul Getty Museum (Hg.): European Drawings. Catalogue of the Collections 3. Los Angeles 2003, S. 229.

12 Eine Fotografie der 1920er-Jahre heute in der Sammlung der Bibliothèque nationale de France, zeigt das ganze Blatt samt Passepartout und ohne der für La Mésangère typischen Bildunterschrift. <http://catalogue.bnf.fr/ark:/12148/cb40915071z>, Zugriff am 8. 12. 2012

13 Das Stück wurde im Jahr 2003 in Paris gestohlen und gilt seither als verschollen. Der rechtmäßige Eigentümer bittet etwaige Hinweise zum jetzigen Verbleib des Objektes an die Internationale Stiftung Mozarteum in Salzburg zu richten.

14 Nicole Salinger/H. C. Robbins Landon (Hg.): Mozart à Paris. Katalog zur Ausstellung im Musée Carnavalet. Paris 1991, S. 64, Abb. 29.

15 Robert Bory: La vie et l'oeuvre de Wolfgang Amadeus Mozart par l'image, Genève 1948.

Christoph Großpietsch
‚Posch' gegen ‚Lange' – erst getauscht, dann verwechselt

1 Anja Morgenstern: „Neues zur Entstehungsgeschichte und Autorschaft der Biographie W. A. Mozarts von Georg Nikolaus Nissen (1828/29)". In: MJb 2012 (in Druck). Ich danke der Autorin für etliche Hinweise über die Biografie Nissens und den Lithografien des Buches.

2 In der Biografie finden sich die Tafeln nach S. 24, 46 und 466. Die anderen Bildnistafeln zeigen die Kinder des Ehepaars Mozart, die Anatomie des sogenannten Mozartohrs sowie an prominenter Stelle als Frontispiz, das Porträt des verstorbenen Biografen Georg Nikolaus Nissen. Ein Aufriss des Geburtshauses rundet die Serie der sieben Lithografien ab.

3 „Die Originalstiche hängen an den Wänden, Nissen Porträt, ihre beiden Söhne, Mozart als siebenjähriger Knabe, die spielende und singende Familie, [...]" Bei der „singenden Familie" handelt es sich um den Stich von Delafosse (Kat. 4). Vgl. Mary Nerina Medici di Marignano und Rosemary Hughes (Hg.): Eine Wallfahrt zu Mozart. Die Reisetagebücher von Vincent und Mary Novello aus dem Jahre 1829. Deutsche Übertragung von Ernst Roth. Bonn 1959, S. 74.

4 Davon hatte sich nur das Knabenporträt von Lorenzoni (Kat. 1) bei Maria Anna von Berchtold befunden.

5 Das kaum reisetaugliche, da fast zwei Meter breite Originalbild (Kat. 60) war damals noch im Besitz von Mozarts Schwester. Für die hohe Qualität dieser verkleinerten Ölkopie spricht, dass deren lithografische Reproduktion noch immer das Originalgemälde bis ins Detail wiedergibt.

6 Vgl. die Ansicht der Druckerei in der Herzogspitalgasse 1249 auf der „Geschäftsempfehlung der Anstalt J. Lacroix in München" von Nicolaus Zach (1825). Exemplar: Nürnberg, Germanisches Nationalmuseum, Graphische Sammlung, Inv.-Nr. L 5354. Vgl. auch Rolf Armin Winkler: Die Frühzeit der deutschen Lithographie. München 1975, S. 133, 329, sowie Dieter Goerge: Johann Nepomuk della Croce (1736–1819). Leben und Werk. Burghausen 1998, S. 274.

7 Rudolph Angermüller (Hg.): Constanze Nissen-Mozart. TageBuch meines BriefWechsels in Betref der Mozartischen Biographie (1828–1837). Bad Honnef 1999.

8 Joseph Heinz Eibl in Bauer/Deutsch 6, zu Brief Nr. 1427: „Eine Tagebuchnotiz gibt Anlaß, zu vermuten, daß die Gemälde-Reproduktionen von einem Mitglied der Münchner Familie Hanfstaengl gefertigt wurden; wenn dies zutrifft, dann wahrschenlich von dem Gründer der heute noch bestehenden Kunst- und Verlagsanstalt Franz Hanfstaengl, dem Lithographen Franz Seraph Hanfstaengl (1804 bis 1877). (Mitt. der genannten Firma)."

9 Dieter Goerge: Ist Johann Nepomuk della Croce der Maler des großen Mozartschen Familienbildes. In: MJb 1994, S. 74f.

10 Heinz Gebhardt: Franz Hanfstaengl. Von der Lithographie zur Photographie. München 1984; Helmut Heß: Der Kunstverlag Franz Hanfstaengl und die frühe fotografische Kunstreproduktion. Das Kunstwerk und sein Abbild. München 1999.

11 Richard Bauer: Das rekonstruierte Antlitz. Die Mozart-Büste des Züricher Bildhauers Heinrich Keller in der Münchner Residenz. Neustadt an der Aisch 2008, S. 21.

12 „Cornelius sah bekanntlich die Zukunft der Malerei einzig in der monumentalen Wandmalerei mit historischen Themen und Motiven, [...] Auch Hanfstaengls Mitschüler [...] konnten sich mit den Ideen Cornelius ‚nie befreunden', wenngleich nur Hanfstaengl eine völlige Abwendung von jeder Form der Malerei vollzog und sich ausschließlich der Portrait- und Reproduktionslithographie zuwandte." Vgl. Gebhardt 1984, S. 35.

13 „Am 5 october an Thanhausen [!] Nach München geantwortet auf seyn schreiben vom Sept und ihm seyne Bitte erfüllt die darin bestand, ihm zu sagen zu welcher Nummer die Bilder in der Biographie geheftet werden müßen. auch bath ich ihn zu Hanfstengl und Lacroix zu gehen und mir von diesen Herren antwort zu verschaffen [...]" Vgl. Angermüller 1999, S. 84. Zu Thanhauser vgl. Angermüller 1999, S. 134.

14 Tagebuch Constanze Nissens, 22. Dezember 1828. Vgl. Angermüller 1999, S. 59.

15 Vgl. Johannes Hoyer: „Ein unbekannter Brief von Constanze Nissen, verwitwete Mozart". In: Neues musikwissenschaftliches Jahrbuch 4. Augsburg 1995, S. 93–98. Hoyer transkribiert (S. 94) den Künstler oder die Künstlerin, von der sich Constanze enttäuscht zeigt, als

„Adler". Es könnte sich eher um einen anderen Namen, vielleicht „Sedler" oder „Seidler" handeln (etwa die Malerin Louise Seydler in Weimar?).

16 Vgl. Christoph Großpietsch: „Die späten Mozart-Bildnisse (um 1789) von Posch, Stock und Lange". In: MJb 2009/10, S. 11–69.

17 Peter Keller/Armin Kircher (Hg.): Zwischen Himmel & Erde. Mozarts geistliche Musik. Ausstellungskatalog Dommuseum zu Salzburg 2006. Regensburg und Stuttgart 2006, S. 58.

18 Salzburg Museum, Inv. Nr. 2524/49. Abb. bei Großpietsch 2009/10, Tafel 15, Abbildung 11.

19 Edward Speyer: „Notes on the Iconography of Wolfgang Amadeus Mozart". In: Musical Quarterly 5/2 (April 1919), S. 175–191.

20 Bauer 2008, S. 26: „Die Bildvorlage des Lange-Gemäldes für die Biografie hat eine etwas sonderbare Vorgeschichte: Constanze Mozart hatte als Pendant zu ihrem eigenen lithografierten Porträt (ebenfalls auf einem Gemälde Langes basierend) ursprünglich eine Wiedergabe des in ihre Gürtelschnalle integrierten halbplastischen Medaillons von Leonhard Posch vorgesehen. Noch während der Entstehungsphase des Buches änderte die Witwe Nissen-Mozart jedoch ihre Meinung und ließ die schon fertige ‚Silhouette' aus der Abbildungsserie wieder herausnehmen. An ihre Stelle trat die Wiedergabe Mozarts nach der Lange-Vorlage."

21 Constanze Nissen an Marie Céleste Spontini in Berlin, 5. Oktober 1828. Online-Edition: Anja Morgenstern (Hg.): Briefe und Aufzeichnungen zu W. A. Mozart und seiner Familie aus den Beständen der Stiftung Mozarteum Salzburg: <http://dme.mozarteum.at/DME/briefe/letter.php?mid=352>. Vgl. auch Angermüller 1999, S. 52f.

22 Tagebuch Constanze Nissens, 24. Oktober 1828. Vgl. Angermüller 1999, S. 54.

23 Tagebuch Constanze Nissens, 9. Dezember 1828. Vgl. Angermüller 1999, S. 59.

24 Am 30. April des folgenden Jahres erhielt Constanze die verworfenen, auf einem Blatt gedruckten zwei Lithografien „Mozart und Frau", von zwei Münchner Musikhandlungen zurück. Tagebuch Constanze Nissens, 30. April 1829. Vgl. Angermüller 1999, S. 68.

25 Vgl. Marignano/Hughes 1959, S. 74.

26 20. August 1788. Vgl. Deutsch-Dokumente, S. 284.

27 Max Glonner: Erinnerungsblätter an Wolfgang Amadeus Mozarts Säcularfest im September 1856 zu Salzburg. Salzburg 1856, Frontispiz.

28 Vgl. Bauer/Deutsch 6, zu Nr. 1094.

29 Vgl. Marignano/Hughes 1959, S. 74.

30 Constanze Nissen an Marie Céleste Spontini in Berlin, 5. Oktober 1828. Online-Edition: <http://dme.mozarteum.at/DME/briefe/letter.php?mid=352>

Armin Brinzing

Denkmäler in Bild und Musik: Mozartportraits in Notenausgaben des 18. Jahrhunderts

1 Vgl. Gertraut Haberkamp: Die Erstdrucke der Werke von Wolfgang Amadeus Mozart. Textband. Tutzing 1986, S. 324–327. Einen Überblick über die wichtigsten Mozart-Porträts dieser Zeit gibt Christoph Großpietsch: „Die späten Mozart-Bildnisse (um 1789) von Posch, Stock und Lange". In: MJb 2009/10, S. 11–67.

2 Zu Mansfeld vgl. „Historisches Lexikon Wien", Bd. 4. Wien 1995, S. 147.

3 Siehe Anne Forschler-Tarrasch: Leonhard Posch. Porträtmodelleur und Bildhauer, 1750–1831. Berlin 2002, S. 124–125.

4 Otto E. Deutsch: Mozart. Die Dokumente seines Lebens. Kassel usw. 1961 (NMA, Bd. X/34), S. 376.

5 Siehe Gertraut Haberkamp: „Anzeigen und Rezensionen von Mozart-Drucken in Zeitungen und Zeitschriften". Teil 1. In: Mozart Studien 1 (1992), S. 195–256, hier S. 200.

6 Vgl. Hans Bankl/Johann Szilvássy: Die Reliquien Mozarts. Totenschädel und Totenmaske. Wien 1992, S. 13f.

7 Eine Entwurfszeichnung Rossmäßlers verwahren die Kunstsammlungen der Veste Coburg (Inv.-Nr.: Kupferstich–kabinett, Z 1676). Darauf fehlen jedoch das Porträt Mozarts sowie die Werktitel und Noten auf den aufgeschlagenen Büchern. Vgl. dazu die Datenbank der deutschen Arbeitsstelle des Répertoire International d'Iconographie Musicale (RIdIM): <http://www.ridim-deutschland.de> [RIdIM-Sigel: Cv – 235].

8 Siehe Gertraut Haberkamp: „Anzeigen und Rezensionen von Mozart-Drucken in Zeitungen und Zeitschriften. Teil 6." In: Mozart Studien 8 (1999), S. 225–267, hier S. 232–233.

Christoph Großpietsch

„Das ist ja unser lieber Mozart!" oder: Rätsel um „Tischbein"

1 Ein zeitgenössischer Bericht findet sich z.B. in: Signale für die musikalische Welt. 7 (Oktober 1849), S. 374. Über die Auffindung aus der Rückschau vgl. Carl August André: Darlegung und Urtheile über das 1849 aufgefundene Oel-Portrait

Tischbein's von W. A. Mozart. Frankfurt am Main 1886. Die wichtigsten Tischbein-Mozart-Porträts sind beschrieben worden von Birgit Grün: „Mozart – Tischbein – Bode? Zur Rezeptionsgeschichte eines Gemäldes und seiner Kopien". In: MJb 2009/10, S. 3–10.

2 Augsburger Postzeitung (1. September 1849), S. 855.

3 Signale für die musikalische Welt. 7 (Oktober 1849), S. 374.

4 Recht detailliert beschreibt Aloys Fuchs das Gemälde: „Es ist ein lebensgroßes Brustbild, der Kopf ist etwas vom Beschauer nach der linken Seite hin abgewendet. Die Züge sind jugendlich und bestätigen die Vermuthung, daß es während des längeren Aufenthalts Mozarts in Manheim[!], am Ende des Jahres 1777 vor seiner Abreise nach Paris gemalt wurde. [...] Kenner haben es sogleich für einen ächten Tischbein erkannt. Die erforderlichen Retouschierungen wurden von dem Mahler Friedrich Rebel [=Nebel] von Darmstadt vorgenommen [...]". Aloys Fuchs: Mozartiana, gesammelt von AFuchs im Jahre 1850, S. 36 (Staatsbibliothek zu Berlin, Nachlass Aloys Fuchs, zit. ‚Mozartiana 1850'). Mein Kollege Till Reininghaus M.A. machte mich dankenswerterweise auf diese Quellen aufmerksam und war bei der Auswertung derselben behilflich. Frühe Zeitungsberichte sprechen von einem „Brustbild", Jahn von einem „Brustbild in Lebensgröße". Vgl. Otto Jahn: W. A. Mozart. Zweite durchaus umgearbeitete Auflage. Zweiter Theil. Leipzig 1867, S. 745.

5 Die Ausführung des Bildnisses wird beschrieben als: „peint en buste, portant un habit à la française de couleur verte, un large jabot, un gilet de satin jaune et une perruque poudrée à blanc". Vgl. Artikel „Extérieur, France, Paris, le 30 aout 1851". In: Le Moniteur Belge. 21 (1851), Nr. 244 (1. September 1851), S. 2410. Auffällig sind zwei überraschende Hinweise: die in keiner Kopie farblich wiederholte gelbe Weste und die angebliche Monogrammierung des originalen Bildes. Die Diskrepanz zwischem dem Original und den Kopien ohne gelbfarbiges Gilet wird allerdings später nie wieder zur Sprache gebracht. Ich danke meinem Kollegen Linus Klumpner für den Hinweis, dass die abweichende Farbbeschreibung in mehreren französischen und englischsprachigen Zeitschriften um 1851 fast wortgleich erscheint. Die detailgenaue Bildbeschreibung in diesen ausländischen Zeitungen dürfte auf eine Mitteilung von C. A. André selbst zurückgehen.

6 „Referent hatte im vorigen Jahre auf seiner Rückreise von London das Vergnügen, das Gemälde bei Herrn Musikhändler André [...] in Frankfurt a. M. zu sehen. Der unsterbliche Meister ist in dem Kostüm, wie er vor dem Kurfürsten Erthal spielte, gemalt. Vergleicht man dieses vortreffliche Bild, diese sprechenden Züge, den geistreichen Blick, die tiefe Gemüthlichkeit mit den früher erschienenen Porträts, so wird man finden, daß die letzteren mehr oder weniger Phantasiestücke waren, die sich in der Regel nur durch sehr große Nasen auszeichneten." Anonym: Zeitungsartikel einer deutschsprachigen Zeitung, undatiert, ca. 1852. Enthalten in: Mozartiana 1850, S. 35.

7 Vgl. André 1886, S. 2.

8 Die Kritik mag sich auch an den wie bei einer „Föhnwelle" arrangierten Locken der Perücke, dem fast mantelartigen Umhang, dem breitem Stehkragen oder den massiven Knöpfen entzündet haben. Da all dies auch auf Kopien des Bildes zu erkennen ist, dürften diese Darstellungsmerkmale vom Original übernommen sein.

9 Vgl. Wolfgang Plath: „Mozartiana in Fulda und Frankfurt (Neues zu Heinrich Henkel und seinem Nachlaß)". In: MJb 1968/70, S. 337. Plath beschreibt Andrés Verhalten in den Augen Henkels als „merkantile Reklamesucht".

10 Carl Thomas Mozart an Franz Xaver Schnyder von Wartensee in Salzburg, 12. [!] September 1856. Vgl. Bauer/Deutsch 4, Nr. 1474. Dieses Urteil ist auch durch die spätere Höflichkeitsadresse an Carl August André nicht zu entkräften, worin Mozart bedauert, André die „Zufriedenheit über den Besitz des Tischbein'schen Gemäldes vielleicht einiger Maßen getrübt zu haben". Carl Thomas Mozart an Carl August André in Offenbach, Mailand, 8. April 1857. Vgl. Bauer/Deutsch 4, Nr. 1476.

11 Vgl. Johann Evangelist Engl: W. A. Mozart in den Schilderungen seiner Biographen, in seiner körperlichen Erscheinung im Leben und im Bilde. Salzburg 1887. Die Dokumente werden dort auf S. 47–49 wiedergegeben.

12 Vgl. Engl 1887, S. 46. Arentz gibt zu Protokoll, dass er sich durch die Tatsache, dass er Mozart „sehr oft im kurfürstlichen Schlosse" habe spielen hören und ihn „auch persönlich näher kannte", erlauben dürfe, „die Echtheit des fraglichen Portraits als dem Wolfgang Amadeus Mozarts zu constatieren". Schulz attestiert eine „correcte Kopie von der Meisterhand des bis vor Kurzen noch wirkenden Porträtmalers Nebel". Er erkenne das vorgelegte Bild „nach genauer Prüfung für das Bild des unsterblichen Tondichters W. A. Mozart", den er „bei dem Leben" gekannt habe. Beide Dokumente wurden 1884 von einem Notar in Frankfurt noch einmal beglaubigt, am 12. März 1884 ergingen eine „Ausfertigung (Abschrift)" [Arentz] bzw. eine „Abschrift" [Schulz]. Sowohl das Originalporträt wie die frühe Kopie von Nebel waren 1850 und 1851 am Bild selbst gesiegelt worden und wären daran, sollten sie wieder auftauchen, daran erkennbar. Der Wortlaut der Arentz-Aussage wurde von André noch kurz vor seinem Tod veröffentlicht.

13 Vgl. Mozartiana 1850, S. 37.

14 Mozartiana 1850, S. 35. Die Frage ist nur, welchen Kurfürsten Schulz überhaupt gemeint haben kann. Bei Kurfürst Erthal von Mainz war ein Mannheimer Organist normalerweise nicht geladen, und Kurfürst Karl Theodor von der Pfalz residierte nur noch bis Silvester 1777 in Mannheim, danach in München.

15 Vgl. Otto Jahn: W. A. Mozart 1. Leipzig 1856, Vorrede, S. 32: „Sie finden […] vor dem zweiten [Teilband] einen Stich nach dem im Jahr 1790 in Mainz von Tischbein gemalten Bilde." Gezeigt wird ein Stich von Sichling.

16 „Bei seinem Aufenthalte dort [in Mainz] malte Tischbein das Portrait Mozarts, welches in den Besitz des kurfürstl. Hofgeigers Stutzl kam, und aus dessen Nachlaß von den Gebrüdern André [= Julius und Carl August] erworben wurde, und das, wenn es auch in gewisser Hinsicht wie man zu sagen pflegt verschönert sein sollte, eine Mischung von Sinnlichkeit, Laune und Schwermuth zeigt, die dem Wesen Mozarts sehr wohl entspricht." Otto Jahn: W. A. Mozart. Bd. 4. Leipzig 1859, S. 556.

17 Anonym. In: Zeitung für die elegante Welt 49 (1849), Nr. 45, S. 358.

18 Vgl. Emil Vogel: „Mozart-Portraits". In: Jahrbuch der Musikbibliothek Peters 6 (1899). Leipzig 1900, S. 11–36.

19 Vgl. Johann Ev. Engl: „Das Tischbein Mozart-Bild – kein Mozart-Bild". In: Jahresbericht der Internationalen Stiftung Mozarteum 20 (1900). Salzburg 1901, S. 25–29.

20 Bei der Schubert-Jubiläums-Ausstellung 1897 war jedenfalls unter Nr. 361 ein „Kniestück" von „J. H. Tischbein, 1778" im Besitz von „Herrn C. A. André, Frankfurt am Main", zu sehen. Vgl. Katalog Schubert-Ausstellung der K. K. Reichshaupt- und Residenzstadt Wien. Verbunden mit einer Ausstellung von Werken der Maler Mori[t]z v. Schwind, Josef Danhauser und Leopold Kupelwieser. Wien 1897, S. 96.

21 Engl 1887, S. 49.

22 Vgl. Engl 1887, S. 45. Die Rückseite bestätigt die Fotografie als Arbeit eines Frankfurter Fotografen. Eine weitere, derzeit nicht auffindbare Fotografie soll André am 2. März 1884 an die Stiftung Mozarteum gesandt haben.

23 Vgl. Grün 2009/10, S. 3–4, 8–9. Das Bild wird von Carl André Ende im Dezember 1900 ausführlich beschrieben. Vgl. Engl 1900, S. 26.

24 Vgl. Mozartiana 1850, S. 36–37 (datiert 16. September 1852).

25 Zenger/Deutsch, Nr. 622. Die dazupassende Legende ist unter Nr. 621 zu finden. Das Bild wurde in Europa erstmals von Engl 1900, S. 28–29 vorgestellt.

26 Vgl. Mary Wallace Davidson: „The Research Collections of the Sibley Music Library of the Eastman School of Music, University of Rochester". In: The Library Quarterly 64, Nr. 2 (April 1994), S. 177–194, hier: S. 183.

27 Vgl. Engl 1900, S. 28–29.

28 Aloys Fuchs: „Uiber das im Besitze des Kunsthändlers Herrn Carl Andree in Frankfurth befindliche erst kürzlich aufgefundene Ohlgemälde von Tischbein – das wohlgetroffene Porträt unseres großen W. A. Mozart vorstellend – und über auf Veranlassung des Eigenthümers davon gemachten Copien." Staatsbibliothek zu Berlin, Mus. ms. theor. 320, S. 5f. (wohl Anfang 1853).

29 Catusse: "'It is quite possible that the person represented is Mozart'" he added, "but up to that time he had never associated it with the composer." New York Tribune, 11. November 1900, S. 8.

30 Vgl. Engl 1900, S. 28. Die Annahme, das Porträt stelle in Wirklichkeit den nicht gerade schlanken Minister Jacques Necker dar, ist somit ebenso hinfällig wie Engls Vermutung, es handele sich um eine verkaufswirksame Fälschung: es war eine Auftragsarbeit. Angekauft aus Europa steht das in den USA um 1900 bekannt gewordene Ölbild auch in keinem Zusammenhang mit der Niederlassung des Hauses André in Philadelphia.

31 Vgl. Engl 1900, S. 26.

Stephanie Krenner

Mozart als Hauptdarsteller – der Komponist im Film

1 „La mort de Mozart/Mozart's last requiem". Frankreich/USA 1909. Regie: Louis Feuillade (Produktion: Gaumont, Paris).

2 „Reich mir die Hand, mein Leben". Österreich 1955. Regie: Karl Hartl (Produktion: Cosmopol, Wien).

3 „Amadeus". USA 1984. Regie: Miloš Forman (Produktion: Saul Zaentz Company, Berkeley/CA).

4 „Wen die Götter lieben". Österreich 1942. Regie: Karl Hartl (Produktion: Wien-Film, Wien).

5 „Ein Künstlerleben. Mozarts Leben, Lieben und Leiden". Österreich 1921. Regie: Otto Kreisler/Karl Toma (Produktion: Helios-Film, Wien).

6 „Vergesst Mozart". Deutschland/Tschechoslowakei 1985. Regie: Slavo Luther (Produktion: CST, Bratislava).

7 „Eine kleine Nachtmusik". Österreich 1939. Regie: Leopold Hainisch (Produktion: Tobis Film, Berlin).

8 Vgl. Wolfgang Freitag: Amadeus & Co. Mozart im Film. Mödling–Wien 1991.

9 Günter Krenn: „Mozarts Leben, Lieben und Leiden – die paradigmatische Künstlerbiographie". In: Günter Krenn (Hg.): „Mozart im Kino". Wien 2005 (zit. Krenn 2005).

10 Günter Krenn: „The portrait of a young man as an artist – (de)constructing Mozart". In: Krenn 2005.

11 Vgl. Freitag 1991.

12 Cornelia Szabó-Knotik: „Konstruktionen des Schöpfermythos im Film". In: Krenn 2005.

13 „Melodie eterne", Italien 1940. Regie: Carmine Gallone (Produktion: Mikomaro-Film, Montu Beccaria).

14 Vgl. Freitag 1991.

15 Wolfgang Hildesheimer: Mozart. Frankfurt am Main 1977.

16 Peter Shaffer: Amadeus. London 1981.

17 „Noi tre/Wir drei", Italien 1984. Regie: Pupi Avati (Produktion: Duea Film, Rom).

18 Falco: „Rock me Amadeus". A&M Records 1985.

19 „Wolfgang", Österreich/Deutschland 1991. Regie: Juraj Herz (Produktion: ORF Wien).

20 „Ich hätte München Ehre gemacht", Deutschland 2006. Regie: Bernd Fischerauer (Produktion: Tellux Film GmbH, München).

21 „Trillertrine", Deutschland 1991. Regie: Karl-Heinz Lotz (Produktion: Ziegler Film, Berlin).

Literatursigel und Abkürzungen

Bauer/Deutsch
Wilhelm A. Bauer/Otto Erich Deutsch (Hg.): Mozart. Briefe und Aufzeichnungen. Gesamtausgabe. Herausgegeben von der Internationalen Stiftung Mozarteum Salzburg. Gesammelt von Wilhelm A. Bauer und Otto Erich Deutsch, auf Grund deren Vorarbeiten erläutert und durch ein Register erschlossen von Joseph Heinz Eibl. 7 Bde. (Bd. 1–4: Briefe und Aufzeichnungen, Bde. 5–6: Kommentar, Bd. 7: Register). Kassel u.a. 1962–1975. Erweiterte Neuauflage mit Bd. 8: Ulrich Konrad: Einführung und Ergänzungen. Kassel u.a. 2005.

Deutsch-Dokumente
Otto Erich Deutsch (Hg.): Mozart. Die Dokumente seines Lebens. Kassel u.a. 1961 (= Neue Mozart-Ausgabe X/34).

Eibl-Dokumente
Joseph Heinz Eibl (Hg.): Mozart. Die Dokumente seines Lebens. Addenda. Kassel u.a. 1978 (= Neue Mozart-Ausgabe X/31/1).

Eisen-Dokumente
Cliff Eisen (Hg.): Mozart. Die Dokumente seines Lebens. Addenda – Neue Folge. Kassel u.a. 1997 (= Neue Mozart-Ausgabe X/31/2).

Nissen 1828
Georg Nikolaus Nissen: Biographie W. A. Mozart's. Leipzig 1828. (Verwendet wurde die Originalausgabe. Vgl. auch Kommentierte Ausgabe, herausgegeben und mit Anmerkungen versehen von Rudolph Angermüller. Hildesheim 2010).

Zenger/Deutsch
Maximilian Zenger/Otto Erich Deutsch (Hg.): Mozart und seine Welt in zeitgenössischen Bildern. Kassel u.a. 1961 (= Neue Mozart-Ausgabe X/32).

Ein bereits erwähnter Titel wird ansonsten mit dem Sigel aus Autorenname und Jahreszahl abgekürzt.

Verwendete Abkürzungen

Abb. Nummer der Abbildung
ISM Internationale Stiftung Mozarteum
Kat. Katalognummer
KV, K. Köchel-Verzeichnis
MJb Mozart-Jahrbuch (Salzburg, 1950ff.)

Bildnachweis

Augsburg, Staats- und Stadtbibliothek: Kat. 20, 51
Berkeley/CA, The Saul Zaentz Company: Abb. 24
Berlin, Bildarchiv Preußischer Kulturbesitz: Abb. 3
Berlin, Münzkabinett, Staatliche Museen zu Berlin: Kat. 18, 19
Bologna, Civico Museo Bibliografico Musicale: Kat. 7
København, Det Kongelike Bibliotek: Abb. 6
London, British Library: Abb. 8
London, Royal College of Music: Abb. 1
Moskau, Staatliches Glinka-Museum für Musikkultur: Kat. 43
München, Bayerische Staatsbibliothek: Kat. 24
München, Beta Film GmbH: Abb. 23
München, Doerner-Institut: Abb. bei Kat. 27
Offenbach am Main, Haus der Stadtgeschichte: Kat. 45
Paris, Musée Carnavalet: Kat. 2
Privat: Abb. 4, 10, 11,14; Kat. 6, 29, 44, 69, 73
Rochester/NY, University of Rochester: Abb. 21
Salzburg, Archiv der Erzdiözese: Abb. 15; Kat. 36
Salzburg, Internationale Stiftung Mozarteum: Tafel S. 8; Abb. 5, 7, 12f., 16–20; 22, 25, Tafel S. 64f.; Kat. 1, 4f., 8–11, 15–17, 22f., 25, 27, 30–34, 37–42, 47, 50, 52–54, 56–60, 62, 64f., 67, 70f., 76, 78f.
Salzburg, Salzburg Museum: Kat. 83
Salzburg, Universitätsbibliothek: Kat. 63
Wien, Gesellschaft der Musikfreunde, Sammlungen/Archiv und Bibliothek: Kat. 13, 21, 26, 46, 48, 61, 66, 74, 77
Wien, Kunsthistorisches Museum: Abb. 2
Wien, Österreichische Nationalbibliothek: Abb. 9
Wien, Wien Museum: Kat. 12, 14, 35, 55, 68, 72, 75, 80–82; Tafel S. 132f.
Wolfenbüttel, Herzog August Bibliothek: Kat. 49
York, Castle Howard Collection: Kat. 3

Die mit OB gekennzeichneten Beschreibungen zu Objekten von Archiv und Bibliothek sowie der Sammlungen der Gesellschaft der Musikfreunde Wien wurden dankenswerterweise von Archivdirektor Prof. Dr. Dr. h.c. Otto Biba, Wien, verfasst.

Christoph Großpietsch

Studium der Musikwissenschaft, Kunstgeschichte und Philosophie an den Universitäten Münster und Heidelberg, Promotion in Musikwissenschaft 1992. Tätig an den Universitäten Eichstätt, Darmstadt und München. Seit 2001 bei der Stiftung Mozarteum Salzburg, dort seit 2005 wissenschaftlicher Mitarbeiter für die Digitale Mozart Edition (DME). Seit einigen Jahren vermehrt Studien zur Mozart-Ikonografie und zur Rezeption von auf Mozart bezogenen Porträts.